**Umschlag & Layout:** Tatjana van Eeden & Tobias Wolf
**Coverfoto:** Tatjana van Eeden & Tobias Wolf
**Bildrechte:** Tatjana van Eeden & Tobias Wolf
**Copyright** © 2024 Tatjana van Eeden & Tobias Wolf

**https://changeyourmatrix.com/**

Verlag: BoD · Books on Demand GmbH, In de Tarpen 42,
22848 Norderstedt

Druck: Libri Plureos GmbH, Friedensallee 273, 22763 Hamburg

**ISBN: 978-3-7693-2200-2**

# Willkommen zu deinem Jahresbegleiter
## „Reflexion und Inspiration – Woche für Woche"

**Liebes Du,**

dieses Buch ist ein Raum nur für dich. Ein Ort, an dem du deine Gedanken, Gefühle und Träume festhalten kannst, um sie mit der Energie und Weisheit der Archetypen zu verbinden. Jeder neue Tag, jede Woche, ist eine Möglichkeit, innezuhalten, zu reflektieren und dich selbst neu zu entdecken.

### Mit diesem Begleiter kannst du

Deine Wochenenergie bewusst erleben. Ziehe deine persönliche Karte und entdecke, welche Themen dich in dieser Woche begleiten.

### In dich selbst eintauchen

Nutze inspirierende Fragen, um Klarheit über deinen Weg zu gewinnen.

### Schritte für dein Wachstum setzen

Lasse die Impulse aus der Reflexion in deinen Alltag einfließen und beobachte, wie sich dein Leben verändert.

Dieses Buch ist mehr als ein Kalender – es ist ein Schlüssel zu deiner inneren Welt, eine Brücke zwischen deinem Alltag und deinen tiefsten Träumen. Es lädt dich ein, aktiv mitzugestalten und deinen eigenen Rhythmus zu finden.

Wir wünschen dir viel Freude, Kraft und Leichtigkeit auf dieser Reise durch das Jahr. Möge es voller Erkenntnisse, kleiner Wunder und neuer Perspektiven sein.

Herzlich, Begegnungsstätte Phönix - Verein für alternative Lebensweisen

Tatjana van Eeden & Tobias Wolf

# Willkommen auf deiner Reise durch das Jahr

## Warum dieses Buch?

In einer Welt voller Ablenkungen fällt es oft schwer, sich auf das Wesentliche – **dich selbst** – zu konzentrieren. Dieses Buch schafft den Raum, genau das zu tun. Es vereint die Weisheit der Archetypen, Numerologie und Reflexion, um dich auf deinem Weg zu unterstützen.

Ich selbst habe oft versucht, Veränderungen in meinem Leben herbeizuführen, doch irgendwann hörte ich auf. Nicht, weil ich es nicht wollte, sondern weil ich keinen klaren Fahrplan hatte. Ich fühlte mich überwältigt, ohne Orientierung, wie ich Schritt für Schritt weitergehen könnte.

Aus dieser Erfahrung heraus entstand die Idee für dieses Buch. Es ist nicht nur ein Begleiter, sondern ein Werkzeug, das dir dabei hilft, dranzubleiben, deinen Fokus zu halten und echte Veränderungen zu erschaffen. Mit diesem Fahrplan kannst du dich täglich neu ausrichten, reflektieren und bewusst Wahlen treffen.

Es ist eine Einladung, dir selbst Zeit zu schenken, deinen inneren Gefühl zu entdecken und dein Leben Stück für Stück zu gestalten – authentisch, achtsam und voller Klarheit.

Im ergänzenden PDF findest du eine besondere Möglichkeit, deine tägliche Reflexion mit einem Belohnungssystem zu verbinden. Jeden Tag kannst du einen kleinen Betrag sparen und ihn in einem Gefäß sammeln, das dich daran erinnert, wie wertvoll du und deine Reise ist. Dieses Ritual stärkt nicht nur deinen Fokus, sondern gibt dir am Ende des Jahres die Gelegenheit, dir etwas Besonderes zu gönnen – als Symbol deiner Selbstfürsorge und Wertschätzung.

# Deine Werkzeuge

**Wochenstruktur:** Jeder Woche ist eine spezifische Energie zugeordnet, die dich inspirieren und leiten kann.

**Reflexionsfelder:** Nutze die Seiten, um Gedanken, Gefühle und Erkenntnisse festzuhalten.

**Tageskarten (optional):** Ziehe eine Karte oder arbeite mit den Archetypen, um täglich neue Perspektiven zu entdecken.

*Hast du dir jemals überlegt, wie du die Magie deines Lebens
aktiv gestalten kannst?*

Dieses Buch möchte dich anregen, genau diese Frage zu stellen – jeden Tag aufs Neue. Es bietet dir die Möglichkeit, mit den Archetypen des Tarots, der Weisheit der Numerologie und deiner ganz persönlichen Intuition zu arbeiten. Du kannst dich dabei von inspirierenden Fragen leiten lassen, wie:

*Was möchte ich heute erschaffen? Welche Entscheidungen stehen an, und wie
kann ich sie aus meiner Mitte heraus treffen? Welche Gedanken oder Muster darf
ich loslassen, um Raum für Neues zu schaffen?*

Dieses Buch ist dein Werkzeug, um achtsam durch das Jahr zu gehen.

Plane dir täglich 5–10 Minuten Zeit ein, um innezuhalten. Vielleicht möchtest du am Morgen die Energie des Tages erkunden, indem du eine Karte aus deinem persönlichen Deck ziehst oder auf unserer Webseite eine digitale Tageskarte entdeckst.

Klebe die Karte in dein Buch oder zeichne sie selbst. Überlege, welche Bedeutung sie für dich hat und notiere die Impulse, die sie dir gibt. Alternativ kannst du auch am Abend deinen Tag reflektieren, deine Erfahrungen ordnen und herausfinden, was dir Energie gegeben oder entzogen hat.

Dein Leben ist ein Kunstwerk, und dieses Buch ist die Leinwand, auf der du deine Vision malst. Lass dieses Buch zu einem lebendigen Tagebuch deines inneren Wachstums werden.

Und wenn du deinen Weg noch tiefer erforschen möchtest, bietet dir unser digitales Zusatzpaket eine Fülle an Möglichkeiten. Hier findest du zusätzliche Reflexionsseiten, Druckvorlagen für Karten und Übungen, die dir helfen, die Energien des Tages noch intensiver zu erleben. Es ist eine Erweiterung, die dich in deiner Selbstentfaltung unterstützt.

Erlaube dir, neugierig zu sein, offen für das, was kommt, und bereit, dich selbst immer wieder neu zu entdecken. Du bist der Schöpfer deines Lebens, und dieses Buch möchte dich daran erinnern, dass jeder Moment eine Chance ist, deine innere Welt zu gestalten. Nutze diese Gelegenheit, um die Magie des Lebens zu spüren – jeden einzelnen Tag.

# Die Reise beginnt jetzt.

# Wie du dieses Buch nutzen kannst

Dieses Buch ist in Wochenstrukturen aufgebaut, um dir einen flexiblen und intuitiven Zugang zu ermöglichen. Jede Woche hat ihre eigene Seite, die dir Raum für Reflexion, Planung und Inspiration bietet. Es liegt an dir, wie tief du in die Materie eintauchen möchtest – ob du dir jeden Tag ein paar Minuten Zeit nimmst oder einmal wöchentlich zurückblickst und reflektierst.

Zusätzlich hast du die Möglichkeit, deine Arbeit mit den Archetypen und der Numerologie zu vertiefen. Jeder Archetyp steht für eine besondere Energie, die du für deinen Alltag nutzen kannst. Durch das Einfügen deiner gezogenen Karten und das Beantworten inspirierender Fragen kannst du die Verbindungen zwischen deiner inneren Welt und den äußeren Energien erkunden.

Denke an unser digitales Zusatzpaket, das zusätzliche Seiten, Reflexionen und Übungen enthält. Es eignet sich hervorragend, um deine Erfahrungen zu vertiefen.

## Was du brauchst

Dein persönliches Tarot- oder Orakeldeck (oder unsere digitale Kartenfunktion auf der Website)
Einen Klebestift oder Washi-Tape, um deine Karten einzufügen
Einen Stift für deine Notizen und Reflexionen
Offenheit und Freude daran, dir Zeit für dich selbst zu nehmen

Das Ziel ist nicht Perfektion, sondern ein liebevoller Dialog mit dir selbst. Nimm dir Zeit, sei ehrlich, und erlaube dir, das Leben als Reise zu erleben.

# Meine Vision für das kommende Jahr

Das neue Jahr liegt wie ein unbeschriebenes Blatt vor dir, bereit, mit deinen Träumen, Absichten und Visionen gefüllt zu werden. Nimm dir einen Moment Zeit, um tief in dich hineinzuhorchen.

*Was wünschst du dir von diesem Jahr?*
*Welche Qualitäten möchtest du einladen – Freude, Klarheit, Abenteuer, Gelassenheit?*

Vielleicht gibt es Ziele, die du erreichen möchtest, oder alte Muster, die du hinter dir lassen willst. Schreibe deine Vision auf, zeichne Symbole oder Bilder, die für dich bedeutsam sind, und lass deine Kreativität fließen. Diese Seite wird dein persönlicher Leitstern für die kommenden Wochen und Monate sein.

## Anleitung

### Setze dich an einen ruhigen Ort

Nimm dir etwa 10 Minuten Zeit, um über deine Wünsche und Ziele nachzudenken.

### Stelle dir inspirierende Fragen

*Was möchte ich in diesem Jahr erschaffen oder verändern? Welche Energie soll mich 2025 begleiten? Welche Stärken möchte ich ausbauen? Gibt es etwas, das ich loslassen möchte?*

### Visualisiere deine Zukunft

Schließe die Augen und stelle dir vor, wie dein Jahr voller Freude, Wachstum und Leichtigkeit aussieht.

### Fülle die Seite aus

Stell dir vor, du hältst dieses Buch in deinen Händen und bist bereit, in die Gedanken und Ideen einzutauchen, die hier festgehalten sind. Während du blätterst, lade ich dich ein, über deine eigenen Träume und Ziele nachzudenken.

*Welche Umgebung möchtest du schaffen, in der Kreativität und Zusammenarbeit gedeihen können?*

Jetzt, da du die Grundidee des Buches kennst, lade ich dich ein, deine Reise zu beginnen. Jede Woche bietet dir Raum für Reflexion, Intention und tägliche Inspiration.

Unser digitale Zusatzmaterial enthält detaillierte Tagesseiten mit weiteren Reflexionsfragen, Platz für deine Karten und zusätzliche Impulse.

**Lass uns nun mit dem ersten Schritt starten:**
**Deine persönliche Wochenenergie entdecken und festhalten.**

### Persönliche Wochenkarte (unten links)

Diese Karte wird selbst gezogen (z. B. aus einem eigenen Deck) und ergänzt die Woche individuell. Alternativ kannst du auf unserer Homepage deine Karte ziehen.

### Frage oder Handlung (unten rechts)

Passend zur Wochenenergie oder der Karte. Zielt darauf ab, in die Tiefe zu gehen oder konkrete Handlungen vorzuschlagen.

Bitte schau dir auch die entsprechenden Notizfelder dazu oben an.

Ergänze mit dem PDF und praktiziere ein tägliches Ritual.

# Was ist deine Vision für 2025?

# MEINE VISION 2025

"Die Zukunft hängt davon ab, was du heute tust."
– Mahatma Gandhi

# Januar

"Der Monat des Neubeginns"

"Die Zukunft gehört denen, die an die Schönheit
ihrer Träume glauben" – Eleanor Roosevelt

# Einleitung für Januar

Der Januar öffnet das Tor zu einem neuen Jahr, einer unbeschriebenen Leinwand, auf der du deine Geschichten, Träume und Wünsche malen kannst. Es ist der Monat des Neubeginns, der von der Energie der Zahl 1 geprägt ist. Die Zahl 1 steht in der Numerologie für den Anfang, die individuelle Kraft und das Streben nach neuen Wegen. Sie erinnert uns daran, dass jeder große Weg mit einem kleinen, mutigen Schritt beginnt.

Symbolisch gesehen steht der Januar in enger Verbindung mit dem Archetypen des Magiers, der das Potenzial besitzt, aus dem Nichts zu erschaffen. Es ist der Moment, in dem du all deine Ressourcen und Talente bewusst nutzen kannst, um den Samen für das zu pflanzen, was du in diesem Jahr erblühen sehen möchtest. Die Energie des Januars ruft dich auf, die Magie in dir zu erkennen und zu nutzen, um deine Visionen zu manifestieren.

Es ist die Zeit, alte Muster, die dir nicht mehr dienen, bewusst loszulassen und dich auf die Essenz dessen zu konzentrieren, was dir wirklich wichtig ist. So wie die Erde im Winter ruht, bereit für die Saat des Frühlings, bist auch du eingeladen, innezuhalten und den Boden für deinen persönlichen Neubeginn vorzubereiten.

Der Januar ist auch der Monat der Winterruhe, ein stiller Zyklus, der uns einlädt, in die Tiefe zu gehen. Die Natur zeigt uns, wie wichtig diese Phase des Innehaltens ist, bevor das Leben wieder erwacht. Es ist die Zeit, deinen inneren Lichtes, dich neu auszurichten und deine Ziele für das Jahr mit Klarheit zu setzen.

# Reflexion für den Januar

*Welche Bereiche deines Lebens möchtest du neu gestalten?*
*Welche alten Gewohnheiten oder Muster möchtest du bewusst loslassen?*
*Was ist die eine Sache, die du erschaffen möchtest, wenn du alle Möglichkeiten hättest?*

Schreibe deine Antworten in dein Buch oder nimm dir Zeit, um darüber zu meditieren. Der Januar lädt dich ein, nicht nur zu träumen, sondern den ersten Schritt zu wagen.

## Inspiration für den Monat

Nutze die kraftvolle Energie des Januars, um jeden Tag mit einer kleinen Handlung zu beginnen, die deine Visionen unterstützt. Vielleicht ist es ein Spaziergang in der Kälte, der dir Klarheit bringt, oder ein bewusstes Ritual, bei dem du eine Kerze anzündest, um deinen Neuanfang zu symbolisieren.

**Tipp:** Schreibe drei Absichten für das neue Jahr auf und platziere sie an einem Ort, an dem du sie täglich sehen kannst. Die Energie des Januars wird dir helfen, sie mit Fokus und Disziplin zu verfolgen.

## Affirmation für Januar

„Ich bin der Schöpfer meines Lebens. Mit jedem neuen Tag erschaffe ich eine Welt, die mit meinen Träumen in Einklang steht."

Der Januar ist nicht nur der erste Monat des Jahres, sondern auch der Moment, in dem du die Samen deines Lebens bewusst setzen kannst. Nimm dir Zeit, lausche deinem inneren Ruf, und setze den ersten Schritt auf deinem Weg durch die kommenden zwölf Monate.

# Anleitungen und Tipps für den Januar

## Morgenrituale für einen klaren Start

Beginne deinen Tag mit einem Glas warmem Wasser und einer Zitrone. Optional kannst du einen Tropfen ätherischem Lemon+ Öl aus der Plus-Serie von Young Living nehmen. Dieses zertifizierte Nahrungsergänzungsmittel unterstützt die innere Reinigung und gibt dir Energie für den Tag.

**Extra-Tipp:** Das Lemon+ Öl eignet sich auch hervorragend für eine sogenannte Petrochemische Reinigung, die den Körper sanft von belastenden Stoffen entlastet. Mehr Informationen hierzu findest du in den Kontakthinweisen am Ende des Buches.

## Symbolische Reinigung

Räume in deinem Zuhause auf und schaffe Platz für neue Energie. Trenne dich von alten, belastenden Gegenständen und bringe frischen Wind in deinen Lebensraum.
Nutze das Öl Purification Blend oder Sacred Mountain in einem Diffuser, um stagnierende Energien zu klären. Alternativ kannst du mit Palo Santo räuchern.

## Persönliche Rituale für die Seele

Gib einen Tropfen Ätherisches Öl Frankincense oder Lavendel in deine Handflächen, reibe sie aneinander und atme tief ein. Dies beruhigt deinen Geist und reinigt deine Aura.
Trage White Angelica auf Nacken und Schultern auf, um negativen Einflüsse zu transformieren.

## Bewegung und Natur

Nutze die frische, klare Winterluft für Spaziergänge oder leichte Bewegung im Freien. Beobachte, wie die Natur in der Ruhephase Kraft sammelt.
Plane einen Ausflug in die Natur, um dich zu erden und Klarheit zu gewinnen.

## Selbstfürsorge

Gönne dir ein wärmendes Bad mit ätherischen Ölen wie Lavendel oder Eukalyptus.
Lies ein inspirierendes Buch oder höre einen motivierenden Podcast, der dich auf deinem Weg unterstützt.

## Anleitung zur Reflexion

Nutze die Energie des Januars, um innezuhalten und den Grundstein für dein Jahr zu legen.

## Tägliche Reflexion

Notiere, was du heute loslassen konntest.
Schreibe deine Gedanken zu den Tageskarten (falls gezogen) und zur Energie, die du spürst.

## Wochenabschluss

*Wie fühlst du dich nach einer Woche des Reinigens und Neuorientierens?*
*Was möchtest du weiterhin in deinen Alltag integrieren?*

## Inspirierende Fragen

*Welche alten Dinge möchte ich loslassen, um Platz für Neues zu schaffen?*

*Welche Intention habe ich für diesen Monat?*

*Was brauche ich, um mich im Januar geerdet und ausgeglichen zu fühlen?*

# WOCHENPLANER 2025 - 1. WOCHE

## „MEINE TO-DO'S UND FOKUS"

## „MEIN HEUTIGER HANDLUNGSIMPULS"

„Entfalte die Magie in dir – alles, was du benötigst, ist bereits in dir vorhanden."

„Ziehe deine Karte und klebe sie hier ein, oder male selber ein Bild"

„Notiere oben deine Gedanken zur gezogenen Karte."

„Ziehe deine Karte und lass dich von der Inspiration überraschen."

„Notiere oben deine Gedanken zur gezogenen Karte."

## „DIE BOTSCHAFT DES TAGES"

## „MEINE HANDLUNGSKARTE"

# REFLEXIONSBLATT

## Gedanken zur Reinigung und Neuausrichtung

## Erfahrungen mit den vorgeschlagenen Ritualen

## Erfolge, Herausforderungen und neue Erkenntnisse

## Deine Absicht für diese Woche

# WOCHENPLANER 2025 - 2. WOCHE

## „MEINE TO-DO'S UND FOKUS"

## „MEIN HEUTIGER HANDLUNGSIMPULS"

„Entfalte die Magie in dir – alles, was du benötigst, ist bereits in dir vorhanden."

„Ziehe deine Karte und klebe sie hier ein, oder male selber ein Bild"

„Notiere oben deine Gedanken zur gezogenen Karte."

„Ziehe deine Karte und lass dich von der Inspiration überraschen."

„Notiere oben deine Gedanken zur gezogenen Karte."

## „DIE BOTSCHAFT DES TAGES"

## „MEINE HANDLUNGSKARTE"

# REFLEXIONSBLATT

## Gedanken zur Reinigung und Neuausrichtung

## Erfahrungen mit den vorgeschlagenen Ritualen

## Erfolge, Herausforderungen und neue Erkenntnisse

## Deine Absicht für diese Woche

# WOCHENPLANER 2025 - 3. WOCHE

### „MEINE TO-DO'S UND FOKUS"

### „MEIN HEUTIGER HANDLUNGSIMPULS"

> „Ich bin der Schöpfer meines Lebens und gestalte jeden Tag mit Zuversicht und Kreativität."

„Ziehe deine Karte und klebe sie hier ein, oder male selber ein Bild"

„Notiere oben deine Gedanken zur gezogenen Karte."

„Ziehe deine Karte und lass dich von der Inspiration überraschen."

„Notiere oben deine Gedanken zur gezogenen Karte."

### „DIE BOTSCHAFT DES TAGES"

### „MEINE HANDLUNGSKARTE"

# REFLEXIONSBLATT

## Gedanken zur Reinigung und Neuausrichtung

## Erfahrungen mit den vorgeschlagenen Ritualen

## Erfolge, Herausforderungen und neue Erkenntnisse

## Deine Absicht für diese Woche

# WOCHENPLANER 2025 - 4. WOCHE

## *"MEINE TO-DO'S UND FOKUS"*

## *"MEIN HEUTIGER HANDLUNGSIMPULS"*

"Welche Fähigkeiten oder Talente möchtest du in diesem Jahr neu entdecken und in dein Leben einweben?"

"Ziehe deine Karte und klebe sie hier ein, oder male selber ein Bild"

"Notiere oben deine Gedanken zur gezogenen Karte."

"Ziehe deine Karte und lass dich von der Inspiration überraschen."

"Notiere oben deine Gedanken zur gezogenen Karte."

## *"DIE BOTSCHAFT DES TAGES"*

## *"MEINE HANDLUNGSKARTE"*

# REFLEXIONSBLATT

## Gedanken zur Reinigung und Neuausrichtung

## Erfahrungen mit den vorgeschlagenen Ritualen

## Erfolge, Herausforderungen und neue Erkenntnisse

## Deine Absicht für diese Woche

# WOCHENPLANER 2025 - 5. WOCHE

### „MEINE TO-DO'S UND FOKUS"

### „MEIN HEUTIGER HANDLUNGSIMPULS"

„Stell dir vor, jeder Tag ist ein leeres Blatt. Was möchtest du heute kreieren?"

„Ziehe deine Karte und klebe sie hier ein, oder male selber ein Bild"

„Notiere oben deine Gedanken zur gezogenen Karte."

„Ziehe deine Karte und lass dich von der Inspiration überraschen."

„Notiere oben deine Gedanken zur gezogenen Karte."

### „DIE BOTSCHAFT DES TAGES"

### „MEINE HANDLUNGSKARTE"

# REFLEXIONSBLATT

## Gedanken zur Reinigung und Neuausrichtung

## Erfahrungen mit den vorgeschlagenen Ritualen

## Erfolge, Herausforderungen und neue Erkenntnisse

## Deine Absicht für diese Woche

# Februar

„Ein Monat des Übergangs und der inneren Einkehr "

„Auch der kürzeste Monat birgt die längste Geduld – für die
ersten Blüten des Lebens"

# Einleitung für Februar

Der Februar, oft als der kürzeste und kälteste Monat des Jahres wahrgenommen, birgt eine leise Magie in sich. Es ist ein Monat der Stille und der Vorbereitung, ein Zwischenraum zwischen dem Rückzug des Winters und den ersten Versprechen des Frühlings. Der Schnee mag noch die Landschaft bedecken, doch unter der Oberfläche beginnt bereits das Leben zu erwachen. Es ist die Zeit, in der wir innerlich ausatmen und uns darauf vorbereiten, neu aufzublühen.

Die Energie des Februars lädt dich ein, innezuhalten und nach innen zu lauschen.

*Welche Wünsche keimen in dir? Welche Samen möchtest du*
*in den kommenden Wochen pflanzen?*

Die kühlen Tage und langen Nächte bieten dir den Raum, Klarheit zu finden und deine Absichten zu fokussieren. Nutze diese Zeit, um dich mit deinen Wurzeln zu verbinden und die Stärke zu sammeln, die du für das Wachstum benötigst.

In der Symbolik der Natur steht der Februar für Geduld und Beständigkeit. Auch in der Numerologie schwingt die Energie des Monats mit der Zahl 2 – einer Zahl, die für Dualität, Harmonie und Partnerschaft steht. Es ist eine wunderbare Gelegenheit, die Beziehungen zu dir selbst und zu anderen zu reflektieren.

*Was kannst du tun, um diese Verbindungen zu nähren?*
*Welche Balance möchtest du in deinem Leben herstellen?*

Die sanfte Energie des Februars wird durch die Archetypen der Harmonie und inneren Weisheit unterstützt. Lass dich von dieser Zeit inspirieren, deine inneren Schätze zu entdecken und eine Vision für den bevorstehenden Frühling zu entwickeln. Stell dir vor, du wärst ein Gärtner deiner eigenen Seele – *was möchtest du in diesem Monat nähren und wachsen lassen?*

# Anleitungen und Tipps für den Februar

## Sanfter Start in den Tag

Atme tief ein und zähle dabei bis vier, halte den Atem für vier Sekunden an und atme dann langsam aus. Wiederhole diesen Vorgang fünfmal, während du dir vorstellst, wie frische Energie in dich einströmt und alte Anspannung losgelassen wird.

Ergänze dies mit einer Tasse lauwarmem Wasser, in das du einen Teelöffel hochwertigen Honig rührst. Während du das Wasser trinkst, fokussiere dich auf ein Wort, das deinen Tag prägen soll – wie „Leichtigkeit", „Fokus" oder „Dankbarkeit".

## Erdende Morgenpraxis

Setze dich in einen ruhigen Raum, schließe die Augen und stelle dir vor, wie aus deinen Füßen tiefe Wurzeln in die Erde wachsen. Atme bewusst und spüre die Verbindung zur Erde. Mit jedem Atemzug lässt du alte Energien los und ziehst neue, nährende Kraft aus der Erde.

Ergänze diese Praxis mit einer warmen Tasse Kräutertee, die du in beiden Händen hältst. Nimm den Duft bewusst wahr und stelle dir vor, wie du mit jedem Schluck Ruhe und Klarheit aufnimmst. Visualisiere dabei, wie du deine Energie sammelst und dich für die Herausforderungen und Freuden des Tages stärkst.

Zum Abschluss kannst du einen kleinen Gegenstand, wie einen Stein oder ein Schmuckstück, als Anker für diese Erdung bei dir tragen – ein Symbol deiner inneren Stabilität.

## Emotionale Zentrierung

Schreibe jeden Morgen drei Dinge auf, für die du dankbar bist.
Setze dich für ein paar Minuten in Stille und stelle dir vor, wie eine beruhigende, goldene Lichtkugel um dich herum wächst, die dich den ganzen Tag schützt und stärkt.

## Herzöffnung

Schreibe dir selbst einen Brief, in dem du dich an all die Dinge erinnerst, die du bisher erreicht hast, und was dich einzigartig macht.

Nimm dir bewusst Zeit für Menschen, die dir wichtig sind, und schaffe gemeinsame Momente, die in Erinnerung bleiben.

## Kreative Inspiration

Suche dir ein leeres Blatt Papier und zeichne oder male spontan. Es muss nicht perfekt sein – es geht darum, deine innere Kreativität fließen zu lassen.

Versuche ein neues Hobby oder eine kleine kreative Tätigkeit, die dich inspiriert – vielleicht Schreiben, Basteln oder Fotografieren.

## Körperliche Aktivität

Mach einen kleinen Spaziergang in der Natur, auch wenn es noch kalt ist. Beobachte dabei bewusst die Ruhe und Schönheit des Winters.

Wenn du drinnen bleibst, probiere sanfte Yoga-Übungen oder ein paar Dehnübungen, um deinen Körper zu entspannen.

## Monatliche Rituale

Gestalte eine kleine Ecke in deinem Zuhause, die dich inspiriert und beruhigt – mit Kerzen, Pflanzen oder einem Lieblingsbuch.

Führe ein Vollmondritual durch, um dich von alten Energien zu lösen. Schreibe auf, was du loslassen möchtest, und verbrenne den Zettel sicher als symbolischen Akt.

## Symbol des Monats

Ein schmelzender Eiszapfen – er steht für das Loslassen von starren Mustern und die Einladung, sich für den Fluss des Lebens zu öffnen.

## Inspirierende Fragen

Was bedeutet „innere Stabilität" für mich, und wie kann ich sie in meinem Alltag verankern?

Welche Träume oder Ziele schlummern noch in mir, die ich mit den ersten Vorboten des Frühlings zum Leben erwecken möchte?

Wie kann ich meine Energie bewusster managen, um mich auf das Wesentliche konzentrieren?

# WOCHENPLANER 2025 - 6. WOCHE

### „MEINE TO-DO'S UND FOKUS"

### „MEIN HEUTIGER HANDLUNGSIMPULS"

> „Versinke in die Stille und höre auf die Weisheit deines Herzens."

„Ziehe deine Karte und klebe sie hier ein, oder male selber ein Bild"

„Notiere oben deine Gedanken zur gezogenen Karte."

„Ziehe deine Karte und lass dich von der Inspiration überraschen."

„Notiere oben deine Gedanken zur gezogenen Karte."

### „DIE BOTSCHAFT DES TAGES"

### „MEINE HANDLUNGSKARTE"

# REFLEXIONSBLATT

### Gedanken zur Reinigung und Neuausrichtung

### Erfahrungen mit den vorgeschlagenen Ritualen

### Erfolge, Herausforderungen und neue Erkenntnisse

### Deine Absicht für diese Woche

# WOCHENPLANER 2025 - 7. WOCHE

## „MEINE TO-DO'S UND FOKUS"

## „MEIN HEUTIGER HANDLUNGSIMPULS"

„Was kannst du heute tun, um mit deinem Innersten in Einklang zu kommen?"

„Ziehe deine Karte und klebe sie hier ein, oder male selber ein Bild"

„Notiere oben deine Gedanken zur gezogenen Karte."

„Ziehe deine Karte und lass dich von der Inspiration überraschen."

„Notiere oben deine Gedanken zur gezogenen Karte."

## „DIE BOTSCHAFT DES TAGES"

## „MEINE HANDLUNGSKARTE"

# REFLEXIONSBLATT

## Gedanken zur Reinigung und Neuausrichtung

## Erfahrungen mit den vorgeschlagenen Ritualen

## Erfolge, Herausforderungen und neue Erkenntnisse

## Deine Absicht für diese Woche

### „MEINE TO-DO'S UND FOKUS"

### „MEIN HEUTIGER HANDLUNGSIMPULS"

„Die Antworten, die du suchst, liegen oft in der Stille deines Herzens."

„Ziehe deine Karte und klebe sie hier ein, oder male selber ein Bild"

„Notiere oben deine Gedanken zur gezogenen Karte."

„Ziehe deine Karte und lass dich von der Inspiration überraschen."

„Notiere oben deine Gedanken zur gezogenen Karte."

### „DIE BOTSCHAFT DES TAGES"

### „MEINE HANDLUNGSKARTE"

# REFLEXIONSBLATT

## Gedanken zur Reinigung und Neuausrichtung

## Erfahrungen mit den vorgeschlagenen Ritualen

## Erfolge, Herausforderungen und neue Erkenntnisse

## Deine Absicht für diese Woche

# WOCHENPLANER 2025 - 9. WOCHE

### „MEINE TO-DO'S UND FOKUS"

### „MEIN HEUTIGER HANDLUNGSIMPULS"

"Ich vertraue auf meine Intuition und lasse mich
von meiner inneren Weisheit führen."

"Ziehe deine Karte
und klebe sie hier
ein, oder male
selber ein Bild"

"Notiere oben
deine Gedanken
zur gezogenen
Karte."

"Ziehe deine Karte
und lass dich von
der Inspiration
überraschen."

"Notiere oben
deine Gedanken
zur gezogenen
Karte."

### „DIE BOTSCHAFT DES TAGES"

### „MEINE HANDLUNGSKARTE"

# REFLEXIONSBLATT

## Gedanken zur Reinigung und Neuausrichtung

## Erfahrungen mit den vorgeschlagenen Ritualen

## Erfolge, Herausforderungen und neue Erkenntnisse

## Deine Absicht für diese Woche

# März

Ein Monat des Erwachens, in dem die ersten Knospen an den Bäumen erscheinen und die Vögel mit ihrem fröhlichen Zwitschern die Rückkehr des Frühlings verkünden.

„So wie die Natur sich erneuert,
darf auch ich mich entfalten"

# Reflexion für den März

## Fragen zur Selbstreflexion
*Welche Träume oder Ideen habe ich im Winter ruhen lassen,
die jetzt bereit sind, zu wachsen?
Was möchte ich loslassen, um Platz für Neues zu schaffen?
Wie kann ich in meinem Alltag mehr Bewegung und Frische einbringen?*

## Symbol des Monats
Die sprießende Knospe – ein Zeichen für neues Wachstum und die Kraft, Stolpersteine zu meistern.

## Monatliche Affirmation
„Ich öffne mich für den Neubeginn und lasse
mein inneres Licht leuchten."

## Reinigung von Körper und Geist
Probiere eine kurze Saftkur oder trinke jeden Morgen ein Glas warmes Wasser mit einem Spritzer Apfelessig.
Stelle dir vor, wie alles, was dich belastet, mit jedem Atemzug oder jedem Schluck Wasser aus deinem Körper weicht.

## Bewegung und Frische
Starte den Tag mit einem kurzen Spaziergang oder einer Atemübung im Freien.
Versuche, jeden Tag eine neue Strecke zu gehen oder eine neue Ecke in deinem Viertel zu entdecken.

## Lernen und Wachsen
Melde dich für einen Online-Kurs oder Workshop an, der dich schon immer interessiert hat. Es könnte etwas Kreatives, Berufliches oder Spirituelles sein.
Lies ein Buch zu einem neuen Thema oder höre einen inspirierenden Podcast.

## Kreative Inspiration

Besorge dir einen kleinen Notizblock, in dem du täglich eine Idee, einen Gedanken oder eine Skizze festhältst.
Male oder gestalte etwas mit dem Thema Frühling – Farben wie Grün und Gelb können dich inspirieren.

## Verbindung zur Natur

Pflanze etwas – sei es in einem Garten, einem Balkon oder auf der Fensterbank.
Beobachte jeden Tag, wie sich das Leben in dieser kleinen Pflanze entfaltet, und spüre die Energie des Wachstums.

## Monatliches Ritual

Schreibe auf, was du loslassen möchtest, und überlege, wie du dich davon trennen kannst.
Nutze die Kraft des zunehmenden Mondes, um dich neu auszurichten und deine Wünsche klar zu formulieren.

## Selbstfürsorge

Gönne dir bewusst Momente der Ruhe – ob durch ein entspannendes Bad, Meditation oder einfach einen Abend ohne digitale Ablenkung.
Massiere sanft deine Schläfen mit einem erfrischenden Öl wie Pfefferminze, um die Gedanken zu klären.

### Inspirierende Fragen

„Welche neuen Wege kann ich gehen, um mich selbst besser kennenzulernen?"

Möchtest du noch spezifische Anleitungen, z. B. ein kreatives Ritual oder weitere Tipps, einfügen?

# WOCHENPLANER 2025 - 10. WOCHE

## „MEINE TO-DO'S UND FOKUS"

## „MEIN HEUTIGER HANDLUNGSIMPULS"

„Lass deine Kreativität erblühen, so wie die ersten Frühlingsblumen."

„Ziehe deine Karte und klebe sie hier ein, oder male selber ein Bild"

„Notiere oben deine Gedanken zur gezogenen Karte."

„Ziehe deine Karte und lass dich von der Inspiration überraschen."

„Notiere oben deine Gedanken zur gezogenen Karte."

## „DIE BOTSCHAFT DES TAGES"

## „MEINE HANDLUNGSKARTE"

# REFLEXIONSBLATT

## Gedanken zur Reinigung und Neuausrichtung

## Erfahrungen mit den vorgeschlagenen Ritualen

## Erfolge, Herausforderungen und neue Erkenntnisse

## Deine Absicht für diese Woche

# WOCHENPLANER 2025 - 11. WOCHE

**„MEINE TO-DO'S UND FOKUS"**

**„MEIN HEUTIGER HANDLUNGSIMPULS"**

„Wie kannst du heute etwas erschaffen, das dich und andere nährt?"

„Ziehe deine Karte und klebe sie hier ein, oder male selber ein Bild"

„Notiere oben deine Gedanken zur gezogenen Karte."

„Ziehe deine Karte und lass dich von der Inspiration überraschen."

„Notiere oben deine Gedanken zur gezogenen Karte."

**„DIE BOTSCHAFT DES TAGES"**

**„MEINE HANDLUNGSKARTE"**

# REFLEXIONSBLATT

## Gedanken zur Reinigung und Neuausrichtung

## Erfahrungen mit den vorgeschlagenen Ritualen

## Erfolge, Herausforderungen und neue Erkenntnisse

## Deine Absicht für diese Woche

# WOCHENPLANER 2025 - 12. WOCHE

### „MEINE TO-DO'S UND FOKUS"

### „MEIN HEUTIGER HANDLUNGSIMPULS"

„Die Natur bietet uns alles, was wir benötigen, um zu wachsen und zu gedeihen."

„Ziehe deine Karte und klebe sie hier ein, oder male selber ein Bild"

„Notiere oben deine Gedanken zur gezogenen Karte."

„Ziehe deine Karte und lass dich von der Inspiration überraschen."

„Notiere oben deine Gedanken zur gezogenen Karte."

### „DIE BOTSCHAFT DES TAGES"

### „MEINE HANDLUNGSKARTE"

# REFLEXIONSBLATT

## Gedanken zur Reinigung und Neuausrichtung

## Erfahrungen mit den vorgeschlagenen Ritualen

## Erfolge, Herausforderungen und neue Erkenntnisse

## Deine Absicht für diese Woche

# WOCHENPLANER 2025 - 13. WOCHE

### „MEINE TO-DO'S UND FOKUS"

### „MEIN HEUTIGER HANDLUNGSIMPULS"

„Ich bin voller kreativer Energie und bringe mit Liebe und Hingabe Neues in die Welt."

„Ziehe deine Karte und klebe sie hier ein, oder male selber ein Bild"

„Notiere oben deine Gedanken zur gezogenen Karte."

„Ziehe deine Karte und lass dich von der Inspiration überraschen."

„Notiere oben deine Gedanken zur gezogenen Karte."

### „DIE BOTSCHAFT DES TAGES"

### „MEINE HANDLUNGSKARTE"

# REFLEXIONSBLATT

## Gedanken zur Reinigung und Neuausrichtung

## Erfahrungen mit den vorgeschlagenen Ritualen

## Erfolge, Herausforderungen und neue Erkenntnisse

## Deine Absicht für diese Woche

# WOCHENPLANER 2025 - 14. WOCHE

## „MEINE TO-DO'S UND FOKUS"

## „MEIN HEUTIGER HANDLUNGSIMPULS"

„Wie kannst du heute Schönheit und Harmonie in dein Leben bringen?"

„Ziehe deine Karte und klebe sie hier ein, oder male selber ein Bild"

„Notiere oben deine Gedanken zur gezogenen Karte."

„Ziehe deine Karte und lass dich von der Inspiration überraschen."

„Notiere oben deine Gedanken zur gezogenen Karte."

## „DIE BOTSCHAFT DES TAGES"

## „MEINE HANDLUNGSKARTE"

# REFLEXIONSBLATT

## Gedanken zur Reinigung und Neuausrichtung

## Erfahrungen mit den vorgeschlagenen Ritualen

## Erfolge, Herausforderungen und neue Erkenntnisse

### Deine Absicht für diese Woche

# April

## Der Monat des Erwachens und des Wachstums

„Wer den Frühling willkommen heißt,
lässt sein Herz aufblühen"

# Einleitung für den Monat April

Der April ist ein Monat des Aufbruchs und der Erneuerung. Die Natur zeigt sich in ihrer aufblühenden Pracht, und die ersten warmen Tage bringen Licht und Energie in unser Leben. Doch der April ist auch bekannt für seine Überraschungen, seine wechselnden Stimmungen zwischen Sonne und Regen. Diese Zeit erinnert uns daran, dass das Leben nicht immer vorhersehbar ist, und lädt uns ein, flexibel und offen für Veränderungen zu bleiben.

Der April symbolisiert die Balance zwischen Stabilität und Wandel. Es ist eine Phase, in der wir lernen können, mit den unvorhergesehenen Wendungen des Lebens zu tanzen und dabei unsere innere Stärke und Kreativität zu entdecken. Es ist der perfekte Zeitpunkt, um Pläne, die in den Wintermonaten gereift sind, in die Tat umzusetzen und unser inneres Licht nach außen zu tragen.

In dieser Zeit geht es darum, bewusst die alten Winterlasten abzustreifen und sich auf das Neue einzulassen. Es ist eine Zeit des Wachstums, des Loslassens und des Blühens – in der Natur, in unseren Beziehungen und vor allem in uns selbst.

# Anleitungen und Tipps für April

## Rituale für Neubeginn und Wachstum

Zünde jeden Morgen eine grüne Kerze an, die Wachstum und Erneuerung symbolisiert. Während die Kerze brennt, nimm dir 5 Minuten Zeit, um an ein Ziel oder eine Absicht für diesen Monat zu denken.

## Samen säen

Pflanze Samen in einem kleinen Topf oder Garten. Dies ist nicht nur eine wundervolle Metapher für das Wachstum deiner Träume, sondern bringt auch Verbindung zur Natur.

## Barfuß gehen

Zieh deine Schuhe aus und laufe barfuß über Gras, Sand oder Erde. Diese einfache, aber kraftvolle Verbindung mit der Erde bringt deinen Körper und Geist ins Gleichgewicht, reduziert Stress und unterstützt dein Wohlbefinden. Während du gehst, stelle dir vor, wie die Energie der Erde dich stärkt und reinigt.

## Kurze Reflexionsaufgabe dazu
Während du barfuß gehst, frage dich:

*„Was darf ich loslassen, um mich freier zu fühlen?"*
*„Wie fühlt sich die Verbindung zur Erde in meinem Körper an?"*

## Frühlingswanderung

Mache einen Spaziergang in der Natur und beobachte bewusst die Anzeichen des Wachstums um dich herum – Knospen, Blätter und Vogelgesang.

## Reflexion und Journaling
*„Welche Bereiche meines Lebens dürfen jetzt wachsen und aufblühen?"*

Schreibe jeden Abend eine Antwort auf die Frage, wie du an diesem Tag das Wachstum gefördert hast – sei es innerlich, emotional oder in deinen Projekten.

## Handinhalation für Klarheit

Gib einen Tropfen Lemon+ (aus der Plus-Serie) auf deine Handflächen, reibe sie aneinander und atme tief ein. Es unterstützt deine Vision für den Monat.

**Selbstmassage:** Verwöhne dich mit einem Tropfen Lavendelöl, gemischt mit einem Trägeröl, für eine beruhigende Abendroutine.

## Aktivität für den Monat

Sollten die Frühlingsschauer kommen, lass dich inspirieren, im Regen zu tanzen. Es erinnert dich daran, dass auch stürmische Momente Teil des Wachstumsprozesses sind.

## Fokus für die Matrix-Arbeit

Konzentriere dich auf die Energie des Magiers (Arkana 1) und das Solarplexus-Chakra, um in diesem Monat deine persönliche Macht zu aktivieren und mit klaren Zielen neue Projekte zu starten.

## Inspirierende Fragen:

*"Welche Bereiche in meinem Leben möchte ich jetzt zum Blühen bringen?"*

*"Welche kleinen Schritte kann ich gehen, um langfristig große Veränderungen zu bewirken?"*

*"Was darf ich loslassen, um Platz für Neues zu schaffen?"*

# WOCHENPLANER 2025 - 15. WOCHE

### „MEINE TO-DO'S UND FOKUS"

### „MEIN HEUTIGER HANDLUNGSIMPULS"

„Plane deinen Tag so, dass du Platz für persönliches Wachstum hast."

„Ziehe deine Karte und klebe sie hier ein, oder male selber ein Bild"

„Notiere oben deine Gedanken zur gezogenen Karte."

„Ziehe deine Karte und lass dich von der Inspiration überraschen."

„Notiere oben deine Gedanken zur gezogenen Karte."

### „DIE BOTSCHAFT DES TAGES"

### „MEINE HANDLUNGSKARTE"

# REFLEXIONSBLATT

## Gedanken zur Reinigung und Neuausrichtung

## Erfahrungen mit den vorgeschlagenen Ritualen

## Erfolge, Herausforderungen und neue Erkenntnisse

## Deine Absicht für diese Woche

# WOCHENPLANER 2025 - 16. WOCHE

## „MEINE TO-DO'S UND FOKUS"

## „MEIN HEUTIGER HANDLUNGSIMPULS"

„Welche Grenzen könntest du heute ziehen, um deine Energie zu bewahren?"

„Ziehe deine Karte und klebe sie hier ein, oder male selber ein Bild"

„Notiere oben deine Gedanken zur gezogenen Karte."

„Ziehe deine Karte und lass dich von der Inspiration überraschen."

„Notiere oben deine Gedanken zur gezogenen Karte."

## „DIE BOTSCHAFT DES TAGES"

## „MEINE HANDLUNGSKARTE"

# REFLEXIONSBLATT

## Gedanken zur Reinigung und Neuausrichtung

## Erfahrungen mit den vorgeschlagenen Ritualen

## Erfolge, Herausforderungen und neue Erkenntnisse

### Deine Absicht für diese Woche

# WOCHENPLANER 2025 - 17. WOCHE

### „MEINE TO-DO'S UND FOKUS"

### „MEIN HEUTIGER HANDLUNGSIMPULS"

"Ordnung ist die Basis für jede Art von Freiheit."

„Ziehe deine Karte und klebe sie hier ein, oder male selber ein Bild"

„Notiere oben deine Gedanken zur gezogenen Karte."

„Ziehe deine Karte und lass dich von der Inspiration überraschen."

„Notiere oben deine Gedanken zur gezogenen Karte."

### „DIE BOTSCHAFT DES TAGES"

### „MEINE HANDLUNGSKARTE"

# REFLEXIONSBLATT

## Gedanken zur Reinigung und Neuausrichtung

## Erfahrungen mit den vorgeschlagenen Ritualen

## Erfolge, Herausforderungen und neue Erkenntnisse

## Deine Absicht für diese Woche

# WOCHENPLANER 2025 - 18. WOCHE

### „MEINE TO-DO'S UND FOKUS"

### „MEIN HEUTIGER HANDLUNGSIMPULS"

„Ich schaffe Klarheit und Stabilität, um meine Ziele zu verwirklichen."

„Ziehe deine Karte und klebe sie hier ein, oder male selber ein Bild"

„Notiere oben deine Gedanken zur gezogenen Karte."

„Ziehe deine Karte und lass dich von der Inspiration überraschen."

„Notiere oben deine Gedanken zur gezogenen Karte."

### „DIE BOTSCHAFT DES TAGES"

### „MEINE HANDLUNGSKARTE"

# REFLEXIONSBLATT

## Gedanken zur Reinigung und Neuausrichtung

## Erfahrungen mit den vorgeschlagenen Ritualen

## Erfolge, Herausforderungen und neue Erkenntnisse

## Deine Absicht für diese Woche

# Mai

Erwache mit der Natur, lass dich von ihrer Fülle inspirieren und
nähre deine Träume mit neuem Leben

„In der Fülle des Lebens liegt die wahre Magie –
entdecke sie in jedem Moment"

# Einleitung für Mai

Der Mai ist der Monat des Erwachens, der Fülle und des Neubeginns. Die Natur steht in voller Blüte, und auch wir spüren, wie unsere Energie wächst und sich entfaltet. Es ist eine Zeit, in der alles möglich scheint, in der Visionen und Pläne greifbarer werden. Der Mai lädt uns ein, tief durchzuatmen und das Leben in all seinen Facetten zu genießen.

Stell dir vor, du stehst in einem blühenden Garten, umgeben vom Duft frischer Blumen und dem Gesang der Vögel. Dieses lebendige Bild erinnert uns daran, wie wichtig es ist, uns selbst zu nähren – mit guten Gedanken, klaren Zielen und einer Prise Leichtigkeit.

Dieser Monat ist auch ein idealer Zeitpunkt, um deine Beziehungen zu pflegen. Der Mai inspiriert uns, auf andere zuzugehen, Verbindungen zu vertiefen und vielleicht sogar neue Freundschaften oder Partnerschaften zu entdecken.

Lass dich von der Magie des Wachsens und Gedeihens anstecken. Der Mai ist deine Einladung, das Leben in vollen Zügen zu genießen und deine Vorhaben mit Zuversicht voranzutreiben.

# Anleitungen und Tipps für den Mai

*Was möchte ich in meinem Leben zum Blühen bringen?*
*Welche Visionen habe ich für die kommenden Monate?*
*Was gibt mir jetzt Kraft und Energie?*

### Zeit in der Natur

Mach einen Spaziergang durch blühende Wiesen oder Wälder und atme den Duft des Frühlings ein.
Beobachte das Aufblühen der Natur und lass dich davon inspirieren, wie du deine eigenen Ziele wachsen lassen kannst.

### Kreativer Ausdruck

Sammle Blumen und Blätter für ein selbstgemachtes Kunstprojekt. Erstelle z. B. ein Vision Board, das deine Ziele und Träume für das Jahr repräsentiert.

### Reflexion und Planung

Überlege dir konkrete Schritte, um eine deiner Visionen umzusetzen. Schreibe sie auf und visualisiere den nächsten Meilenstein.

### Young Living Empfehlung

Eine Mischung aus Zitrone, Lavendel und Minze fördert Klarheit, Frische und Inspiration.
Mit ätherischem Öl wie Grapefruit oder Bergamot kannst du deine innere Freude aktivieren.

### Energieritual

Verbringe Zeit im Sonnenlicht, um deine Stimmung zu heben und deinen Körper mit frischer Energie aufzuladen.

### Tanz und Bewegung

Tanze barfuß in der Natur oder in deinem Wohnzimmer, um deinen Körper mit Freude und Leichtigkeit zu füllen.

## Affirmation des Monats

"Ich lasse meine Träume erblühen und erlaube mir, in der Fülle des Lebens zu verweilen."

## Belohnungen einführen

Belohne dich für kleine Erfolge auf dem Weg zu deinen Zielen. Das können kleine Dinge wie ein entspannendes Bad oder ein schöner Ausflug sein. Belohnungen motivieren dich, weiterzumachen.

## Kreativität ausleben

Nutze den Mai, um kreativ zu sein! Ob Malen, Schreiben oder Musizieren – kreative Tätigkeiten können deine Motivation steigern und dir helfen, dich auszudrücken.

## Visualisierungstechniken anwenden

Visualisiere deine Ziele und den Weg dorthin regelmäßig. Stelle dir vor, wie es sich anfühlt, wenn du deine Ziele erreicht hast.

## Freiwilligenarbeit

Engagiere dich ehrenamtlich in deiner Gemeinde oder für einen guten Zweck. Anderen zu helfen kann dir ein Gefühl der Erfüllung geben und deine Motivation steigern und deinem Karma Konto ein Plus bescheren.

Diese Tipps und Rituale laden dich ein, den Mai als Monat der Lebensfreude und des Wachstums zu feiern.

## Inspirierende Fragen

*Welche Beziehungen möchte ich im Mai stärken oder vertiefen?*

*Wie kann ich mehr Liebe und Mitgefühl in meine Begegnungen bringen?*

*Wie kann ich Fülle und Freude in meinem Alltag bewusster wahrnehmen?*

# WOCHENPLANER 2025 - 19. WOCHE

**„MEINE TO-DO'S UND FOKUS"**

**„MEIN HEUTIGER HANDLUNGSIMPULS"**

„Mit welchen Traditionen oder Ritualen fühlst du dich heute besonders gestärkt?"

„Ziehe deine Karte und klebe sie hier ein, oder male selber ein Bild"

„Notiere oben deine Gedanken zur gezogenen Karte."

„Ziehe deine Karte und lass dich von der Inspiration überraschen."

„Notiere oben deine Gedanken zur gezogenen Karte."

**„DIE BOTSCHAFT DES TAGES"**

**„MEINE HANDLUNGSKARTE"**

# REFLEXIONSBLATT

## Gedanken zur Reinigung und Neuausrichtung

## Erfahrungen mit den vorgeschlagenen Ritualen

## Erfolge, Herausforderungen und neue Erkenntnisse

## Deine Absicht für diese Woche

## „MEINE TO-DO'S UND FOKUS"

## „MEIN HEUTIGER HANDLUNGSIMPULS"

„In welcher Form kannst du dein Wissen nutzen, um andere zu inspirieren und zu unterstützen?"

„Ziehe deine Karte und klebe sie hier ein, oder male selber ein Bild"

„Notiere oben deine Gedanken zur gezogenen Karte."

„Ziehe deine Karte und lass dich von der Inspiration überraschen."

„Notiere oben deine Gedanken zur gezogenen Karte."

## „DIE BOTSCHAFT DES TAGES"

## „MEINE HANDLUNGSKARTE"

# REFLEXIONSBLATT

## Gedanken zur Reinigung und Neuausrichtung

## Erfahrungen mit den vorgeschlagenen Ritualen

## Erfolge, Herausforderungen und neue Erkenntnisse

### Deine Absicht für diese Woche

# WOCHENPLANER 2025 - 21. WOCHE

## „MEINE TO-DO'S UND FOKUS"

## „MEIN HEUTIGER HANDLUNGSIMPULS"

„Welche wertvolle Einsicht deines inneren Lehrers kannst du heute für dich entdecken?"

„Ziehe deine Karte und klebe sie hier ein, oder male selber ein Bild"

„Notiere oben deine Gedanken zur gezogenen Karte."

„Ziehe deine Karte und lass dich von der Inspiration überraschen."

„Notiere oben deine Gedanken zur gezogenen Karte."

## „DIE BOTSCHAFT DES TAGES"

## „MEINE HANDLUNGSKARTE"

# REFLEXIONSBLATT

## Gedanken zur Reinigung und Neuausrichtung

## Erfahrungen mit den vorgeschlagenen Ritualen

## Erfolge, Herausforderungen und neue Erkenntnisse

## Deine Absicht für diese Woche

# WOCHENPLANER 2025 - 22. WOCHE

## „MEINE TO-DO'S UND FOKUS"

## „MEIN HEUTIGER HANDLUNGSIMPULS"

„Welche Grundwerte sind dir wichtig, um eine solide Grundlage für deine Entscheidungen zu bilden?"

„Ziehe deine Karte und klebe sie hier ein, oder male selber ein Bild"

„Notiere oben deine Gedanken zur gezogenen Karte."

„Ziehe deine Karte und lass dich von der Inspiration überraschen."

„Notiere oben deine Gedanken zur gezogenen Karte."

## „DIE BOTSCHAFT DES TAGES"

## „MEINE HANDLUNGSKARTE"

# REFLEXIONSBLATT

## Gedanken zur Reinigung und Neuausrichtung

## Erfahrungen mit den vorgeschlagenen Ritualen

## Erfolge, Herausforderungen und neue Erkenntnisse

### Deine Absicht für diese Woche

# Juni

„Der Juni lädt dich ein, in die Lebendigkeit des Lebens einzutauchen und die Leichtigkeit des Sommers in deinem Herzen zu spüren"

„Jeder Sonnenstrahl trägt die Kraft eines Neubeginns in sich.
Lass dein Licht erstrahlen und"

# Einführung Juni

Der Juni bringt uns mitten hinein in die Zeit des Überflusses und der Fülle. Die Tage sind lang, die Nächte mild, und die Natur zeigt sich in ihrer üppigsten Pracht. Es ist ein Monat, der uns einlädt, das Leben in vollen Zügen zu genießen, die Wärme der Sonne auf unserer Haut zu spüren und die Momente der Leichtigkeit bewusst wahrzunehmen.

Stell dir vor, du stehst auf einer blühenden Wiese, die Luft ist erfüllt vom Summen der Bienen und dem Duft von Blumen. Der Juni ermutigt dich, innezuhalten und dich mit dem Fluss des Lebens zu verbinden. Er ist eine Erinnerung daran, dass Wachstum und Freude Hand in Hand gehen.

In diesem Monat geht es darum, deine innere Fülle zu erkennen und sie mit anderen zu teilen. Lass die Natur dein Vorbild sein - Wachsen, erblühen, strahlen. Der Juni lädt dich ein, dich zu öffnen – für neue Erfahrungen, für Verbindungen, für das Abenteuer des Lebens.

Mache diesen Monat zu einem Tanz zwischen Aktivität und Genuss. Spüre die Energie der Natur in dir, entdecke die Kraft der Sonne als Symbol für Lebensfreude und nimm dir Zeit, die Schönheit um dich herum bewusst wahrzunehmen. Lass uns gemeinsam in die Energie des Juni eintauchen und uns von seiner Fülle inspirieren lassen.

# Anleitungen und Tipps für Juni

## Dankbarkeitsmoment

Schreibe jeden Abend drei Dinge auf, für die du an diesem Tag dankbar bist. Lasse die Sommerenergie dein Herz erwärmen.

## Barfuß gehen

Spüre die Erde unter deinen Füßen, ob im Park, am Strand oder im Garten. Dieses einfache Ritual bringt dich in Einklang mit der Natur. Um dein Urlaubsfeeling nach Hause zu holen, nimm eine große Schüssel, fülle sie mit Vogelsand und bade deine Füße darin.

## Blumen pflücken

Stelle dir einen Strauß mit Wildblumen zusammen, um die Lebendigkeit des Sommers in dein Zuhause zu bringen. Sei Achtsam dabei und schau, welche der Blumen gepflückt werden wollen.

## Finde einen stillen Ort in der Natur und übe tiefes Atmen

Einatmen durch die Nase, den Atem kurz halten, und langsam durch den Mund ausatmen. Visualisiere, wie das Licht der Sonne dich bei jedem Atemzug erfüllt.

## Räucherritual für Frieden

Verwendet Kamille oder Lavendelblüten für eine beruhigende Wirkung und harmonische Schwingungen.
Kombiniere ätherische Öle wie Geranie für Balance, Vanille für Behaglichkeit oder Mandarine für eine zarte, entspannte Atmosphäre.

## Tanze

Lass die Energie des Sommers durch deinen Körper fließen – tanze frei, allein oder mit Freunden, egal ob im Wohnzimmer oder im Freien.
Selbstfürsorge

## Frühjahrsputz

Nutze den Juni, um dein Zuhause zu entrümpeln und neu zu organisieren. Ein aufgeräumter Raum kann deine Gedanken klären und neue Energie bringen.

## Hautpflege

Bereite eine DIY-Maske mit natürlichen Zutaten wie Aloe Vera und Honigöl von Young Living, um die Haut nach sonnigen Tagen zu beruhigen.

## Leichte Ernährung

Setze auf frische, saisonale Lebensmittel wie Beeren, Gurken und Melonen, um deinen Körper zu nähren.

## Affirmation für den Juni

"Ich bin verbunden mit der Fülle und Lebendigkeit des Lebens. Jede Erfahrung bringt mich meiner inneren Wahrheit näher."

## Tipp für Reflexion

Nutze die Inspiration des Juni, um deine Pläne für die zweite Jahreshälfte zu überdenken. Schreibe auf, welche Samen du vergangene Monate gesät hast und welche bereits aufblühen.

## Morgendlicher Energie-Smoothie

Beginne deinen Tag mit einem erfrischenden Smoothie, der den Körper und Geist belebt. Mixe frisches Obst wie Banane, Beeren oder Spinat mit Wasser oder einer pflanzlichen Milch.

Gib einen Tropfen Zitrone aus der Young Living Plus-Serie hinzu, um eine belebende und zu reinigende Note zu ergänzen.
Dieser Smoothie schenkt dir Klarheit und Energie für einen kraftvollen Start in den Tag.

## Inspirierende Fragen

Was lässt dich in deinem Leben derzeit erblühen, und wie kannst du diese Energie noch mehr nähren?

Welche Fülle in deinem Leben nimmst du vielleicht als selbstverständlich hin, und wie kannst du sie bewusster wertschätzen?

# WOCHENPLANER 2025 - 23. WOCHE

## „MEINE TO-DO'S UND FOKUS"

## „MEIN HEUTIGER HANDLUNGSIMPULS"

„Wie kannst du heute bewusster mit dir selbst und anderen in Verbindung kommen?"

„Ziehe deine Karte und klebe sie hier ein, oder male selber ein Bild"

„Notiere oben deine Gedanken zur gezogenen Karte."

„Ziehe deine Karte und lass dich von der Inspiration überraschen."

„Notiere oben deine Gedanken zur gezogenen Karte."

## „DIE BOTSCHAFT DES TAGES"

## „MEINE HANDLUNGSKARTE"

# REFLEXIONSBLATT

## Gedanken zur Reinigung und Neuausrichtung

## Erfahrungen mit den vorgeschlagenen Ritualen

## Erfolge, Herausforderungen und neue Erkenntnisse

## Deine Absicht für diese Woche

## „MEINE TO-DO'S UND FOKUS"

## „MEIN HEUTIGER HANDLUNGSIMPULS"

„Wie kannst du heute die Liebe und Harmonie in deinen Beziehungen fördern?"

„Ziehe deine Karte und klebe sie hier ein, oder male selber ein Bild"

„Notiere oben deine Gedanken zur gezogenen Karte."

„Ziehe deine Karte und lass dich von der Inspiration überraschen."

„Notiere oben deine Gedanken zur gezogenen Karte."

## „DIE BOTSCHAFT DES TAGES"

## „MEINE HANDLUNGSKARTE"

# REFLEXIONSBLATT

## Gedanken zur Reinigung und Neuausrichtung

## Erfahrungen mit den vorgeschlagenen Ritualen

## Erfolge, Herausforderungen und neue Erkenntnisse

## Deine Absicht für diese Woche

# WOCHENPLANER 2025 - 25. WOCHE

## „MEINE TO-DO'S UND FOKUS"

## „MEIN HEUTIGER HANDLUNGSIMPULS"

„Welche Wahl kannst du aus tiefstem Herzen treffen?"

„Ziehe deine Karte und klebe sie hier ein, oder male selber ein Bild"

„Notiere oben deine Gedanken zur gezogenen Karte."

„Ziehe deine Karte und lass dich von der Inspiration überraschen."

„Notiere oben deine Gedanken zur gezogenen Karte."

## „DIE BOTSCHAFT DES TAGES"

## „MEINE HANDLUNGSKARTE"

# REFLEXIONSBLATT

## Gedanken zur Reinigung und Neuausrichtung

## Erfahrungen mit den vorgeschlagenen Ritualen

## Erfolge, Herausforderungen und neue Erkenntnisse

## Deine Absicht für diese Woche

# WOCHENPLANER 2025 - 26. WOCHE

## „MEINE TO-DO'S UND FOKUS"

## „MEIN HEUTIGER HANDLUNGSIMPULS"

„Wie kannst du ein ausgewogenes Verhältnis zwischen Geben und Empfangen in deinem Leben herstellen?"

„Ziehe deine Karte und klebe sie hier ein, oder male selber ein Bild"

„Notiere oben deine Gedanken zur gezogenen Karte."

„Ziehe deine Karte und lass dich von der Inspiration überraschen."

„Notiere oben deine Gedanken zur gezogenen Karte."

## „DIE BOTSCHAFT DES TAGES"

## „MEINE HANDLUNGSKARTE"

# REFLEXIONSBLATT

## Gedanken zur Reinigung und Neuausrichtung

## Erfahrungen mit den vorgeschlagenen Ritualen

## Erfolge, Herausforderungen und neue Erkenntnisse

## Deine Absicht für diese Woche

# WOCHENPLANER 2025 - 27. WOCHE

### „MEINE TO-DO'S UND FOKUS"

### „MEIN HEUTIGER HANDLUNGSIMPULS"

„Welche Beziehung in deinem Leben benötigt heute besondere Beachtung?"

„Ziehe deine Karte und klebe sie hier ein, oder male selber ein Bild"

„Notiere oben deine Gedanken zur gezogenen Karte."

„Ziehe deine Karte und lass dich von der Inspiration überraschen."

„Notiere oben deine Gedanken zur gezogenen Karte."

### „DIE BOTSCHAFT DES TAGES"

### „MEINE HANDLUNGSKARTE"

# REFLEXIONSBLATT

## Gedanken zur Reinigung und Neuausrichtung

## Erfahrungen mit den vorgeschlagenen Ritualen

## Erfolge, Herausforderungen und neue Erkenntnisse

## Deine Absicht für diese Woche

# Juli

„Die Sonne erreicht ihren Höhepunkt, und mi ihr unsere Energie. Der Juli ist eine Zeit, um die Fülle des Lebens zu feiern und mit Freude und Dankbarkeit innezuhalten."

"Die Sonne weckt die Welt und das Herz gleichermaßen, um in Fülle zu erstrahlen"

# Einführung für Juli

Willkommen im Juli, dem Hochsommermonat, der voller Lebendigkeit, Wärme und Energie steckt. Die Tage sind lang, die Sonne strahlt in ihrer vollen Kraft, und die Welt scheint in einer Fülle von Farben und Düften zu schwelgen. Der Juli lädt dich ein, die Energie der Natur aufzunehmen, dich mit deinem inneren Feuer zu verbinden und die Fülle des Lebens zu feiern.

Dieser Monat steht im Zeichen von Ausdehnung und Kreativität. Es ist die Zeit, dich zu öffnen, deine Leidenschaften zu leben und deine Projekte mit Begeisterung voranzutreiben.

Gleichzeitig fordert der Juli dich auf, in Balance zu bleiben, zwischen Aktivität und Ruhe, zwischen Geben und Empfangen.

Stell dir vor, wie die Wärme der Sommersonne dein Herz und deinen Geist öffnet. Es ist ein Monat, um Liebe, Freude und Verbundenheit zu zelebrieren – mit dir selbst, mit anderen und mit dem Leben in seiner ganzen Vielfalt.

Nutze die kraftvollen Energien des Juli, um alte Zweifel loszulassen und mutig deinen Weg zu gehen.

# Anleitungen und Tipps für den Juli

## Spaziergänge in der Natur
Verbringe Zeit im Freien, tanke die Sonnenenergie bewusst auf. Nutze Sonnencremes und schütze dich vor Überhitzung.

## Handinhalation mit Zitronen- oder Orangenöl
Erfrischend und stimmungsaufhellend – perfekt für heiße Sommertage.

## Lass deiner Kreativität freien Lauf
Male, schreibe oder gestalte etwas Schönes. Der Sommer inspiriert dich zu neuen Projekten.
Bereite ein sommerliches Essen zu und dekoriere den Tisch liebevoll – Essen als Kunstwerk!

## Meditation für das Herzchakra
Stell dir vor, dein Herz ist wie eine Blume, die sich mit jedem Atemzug weiter öffnet.
Schreibe drei Dinge auf, die dich in den letzten Tagen besonders glücklich gemacht haben.

## Erstelle ein Dankbarkeitsglas
Jeden Abend schreibst du einen Moment des Tages auf, für den du dankbar bist, und legst ihn ins Glas. Am Monatsende kannst du all die kleinen Wunder nachlesen.

## Teile deine Freude
Lade Freunde ein oder verbringe Zeit mit Menschen, die dich inspirieren.

## Diffuser-Mischung für den Juli
3 Tropfen Grapefruit, 2 Tropfen Pfefferminze, 2 Tropfen Bergamotte – für eine belebende Atmosphäre.
Räuchere deinen Wohnraum mit Salbei oder Palo Santo, um alte Energien loszulassen.

## Plane bewusst Momente der Ruhe ein
Vielleicht ein Nachmittag am See, ein Buch im Garten oder ein gemütlicher Abend bei Kerzenschein.

### Meditation für innere Weisheit

Praktiziere Meditation mit Fokus auf deinen Solarplexus, um deine Intuition und innere Weisheit zu fördern.

### Chakra-unterstützende Ernährung

Achte auf eine ausgewogene Ernährung mit gelben und orangefarbenen Lebensmitteln, die das Manipura Chakra unterstützen.

### Kreative emotionale Balance

Arbeite an deiner emotionalen Balance. Verarbeite aufgestaute Gefühle wie Wut oder Frustration durch kreative Aktivitäten.

### Stärkung deiner Ausstrahlung

Stärke deine Ausstrahlung und dein Charisma durch positive Affirmationen und selbstbewusstes Auftreten.

### Die Kraft des Manipura Chakras

Ein starkes Manipura Chakra fördert deine persönliche Kraft und hilft dir, deine Talente voll zu entfalten.

### Morgendliche oder abendliche Praxis zur Sommerenergie

Erlaube dir, im Juli die Strahlen der Sonne und die Wärme des Lebens zu genießen, und finde die Balance zwischen Aktivität und Besinnlichkeit.

### Inspirierende Fragen:

*Was erfüllt mich gerade mit Energie und Lebensfreude?*

*Wie kann ich diese Fülle mit anderen teilen?*

# WOCHENPLANER 2025 - 28. WOCHE

### „MEINE TO-DO'S UND FOKUS"

### „MEIN HEUTIGER HANDLUNGSIMPULS"

> „Wo kannst du die Zügel deines Lebens fester in die Hand nehmen?"

„Ziehe deine Karte und klebe sie hier ein, oder male selber ein Bild"

„Notiere oben deine Gedanken zur gezogenen Karte."

„Ziehe deine Karte und lass dich von der Inspiration überraschen."

„Notiere oben deine Gedanken zur gezogenen Karte."

### „DIE BOTSCHAFT DES TAGES"

### „MEINE HANDLUNGSKARTE"

# REFLEXIONSBLATT

## Gedanken zur Reinigung und Neuausrichtung

## Erfahrungen mit den vorgeschlagenen Ritualen

## Erfolge, Herausforderungen und neue Erkenntnisse

## Deine Absicht für diese Woche

# WOCHENPLANER 2025 - 29. WOCHE

*„MEINE TO-DO'S UND FOKUS"*

*„MEIN HEUTIGER HANDLUNGSIMPULS"*

„Welche Schritte könntest du heute unternehmen, um deinen Weg mutig und klar zu gestalten?"

„Ziehe deine Karte und klebe sie hier ein, oder male selber ein Bild"

„Notiere oben deine Gedanken zur gezogenen Karte."

„Ziehe deine Karte und lass dich von der Inspiration überraschen."

„Notiere oben deine Gedanken zur gezogenen Karte."

*„DIE BOTSCHAFT DES TAGES"*

*„MEINE HANDLUNGSKARTE"*

# REFLEXIONSBLATT

## Gedanken zur Reinigung und Neuausrichtung

## Erfahrungen mit den vorgeschlagenen Ritualen

## Erfolge, Herausforderungen und neue Erkenntnisse

Deine Absicht für diese Woche

# WOCHENPLANER 2025 - 30. WOCHE

### „MEINE TO-DO'S UND FOKUS"

### „MEIN HEUTIGER HANDLUNGSIMPULS"

„Wie gelingt es dir, ein Gleichgewicht zwischen deinem Engagement und Geduld zu finden, um dein Ziel zu erreichen?"

„Ziehe deine Karte und klebe sie hier ein, oder male selber ein Bild"

„Notiere oben deine Gedanken zur gezogenen Karte."

„Ziehe deine Karte und lass dich von der Inspiration überraschen."

„Notiere oben deine Gedanken zur gezogenen Karte."

### „DIE BOTSCHAFT DES TAGES"

### „MEINE HANDLUNGSKARTE"

# REFLEXIONSBLATT

## Gedanken zur Reinigung und Neuausrichtung

## Erfahrungen mit den vorgeschlagenen Ritualen

## Erfolge, Herausforderungen und neue Erkenntnisse

## Deine Absicht für diese Woche

# WOCHENPLANER 2025 - 31. WOCHE

## „MEINE TO-DO'S UND FOKUS"

## „MEIN HEUTIGER HANDLUNGSIMPULS"

„Welche Stolpersteine könntest du meistern,
indem du auf dein inneres Licht und deine innere Stimme hörst?"

„Ziehe deine Karte
und klebe sie hier
ein, oder male
selber ein Bild"

„Notiere oben
deine Gedanken
zur gezogenen
Karte."

„Ziehe deine Karte
und lass dich von
der Inspiration
überraschen."

„Notiere oben
deine Gedanken
zur gezogenen
Karte."

## „DIE BOTSCHAFT DES TAGES"

## „MEINE HANDLUNGSKARTE"

# REFLEXIONSBLATT

## Gedanken zur Reinigung und Neuausrichtung

## Erfahrungen mit den vorgeschlagenen Ritualen

## Erfolge, Herausforderungen und neue Erkenntnisse

## Deine Absicht für diese Woche

# August

„Es ist die Zeit, innezuhalten, die Ernte deiner Mühen zu feiern und dich mit der Erde und deiner eigenen Mitte zu verbinden"

„Es gibt eine Jahreszeit, in der die Seele zur Ruhe kommt und sich mit dem Herzen der Natur vereint – das ist der Sommer"

# Einleitung für August

Der August bringt uns in die Zeit der Reife und der Fülle. Es ist ein Monat, in dem die Natur uns ihre Gaben großzügig präsentiert – goldene Felder, reife Früchte und lange, warme Tage, die uns einladen, innezuhalten und die Ernte des Lebens zu genießen.

Doch diese Zeit des Überflusses ist nicht nur ein äußeres Geschenk, sondern auch eine Einladung, nach innen zu schauen und die Früchte unserer inneren Arbeit zu würdigen.

Im August geht es darum, bewusst anzunehmen, was wir geschaffen haben – sei es durch unsere Taten, Gedanken oder Beziehungen. Es ist die Zeit, den Moment zu feiern, aber auch zu reflektieren.

*Was hast du in deinem Leben genährt, was möchte geerntet werden, und was könnte losgelassen werden, um Raum für Neues zu schaffen?*

Dieser Monat fordert uns auf, die Balance zu finden zwischen dem aktiven Genießen und dem bewussten Planen. Es ist die perfekte Zeit, deine Verbindung zur Natur zu stärken, barfuß über Felder zu laufen, Sonnenstrahlen auf der Haut zu spüren und dich selbst daran zu erinnern, dass du ein Teil dieses wundervollen Kreislaufs bist.

Nutze den August, um Dankbarkeit zu praktizieren und die kleinen und großen Wunder in deinem Leben zu schätzen. Die Natur zeigt uns in ihrer vollen Pracht, dass jeder Moment ein Geschenk ist. Werde dir der Fülle bewusst, die dich umgibt und in dir wohnt – und finde deinen Platz in diesem harmonischen Zusammenspiel des Lebens.

Der August erinnert uns daran, Fülle zu genießen und gleichzeitig Platz für neue Möglichkeiten zu schaffen. Nutze diese Zeit, um dich zu nähren – körperlich, geistig und seelisch.

# Anleitungen und Tipps für August

## Aktivität
Verbringe Zeit in der Natur, sei es durch einen Waldspaziergang, eine Wanderung oder einfach das Barfußgehen auf einer Wiese. Beobachte bewusst die Reife der Natur.

## Tipp
Nimm dir einen Moment, um den Duft von reifen Früchten und Gräsern einzuatmen.

## Anleitung
Schreibe jeden Abend drei Dinge auf, für die du dankbar bist – sei es etwas Großes oder etwas Kleines wie der Geschmack einer Sommerfrucht.

## Extra-Tipp
Nutze ein besonderes Notizbuch oder eine Karte, die dich inspiriert, dieses Ritual fortzuführen.

## Aktivität
Male, schreibe oder gestalte etwas, das deine Gefühle und Erlebnisse im Sommer ausdrückt. Vielleicht inspiriert dich die reiche Farbenpracht der Natur.

## Im Diffuser
Bergamot, Orange und Ylang-Ylang, um Harmonie und Freude zu fördern.

## Handinhalation
Nutze Zitrone+, um Klarheit zu gewinnen und Leichtigkeit zu spüren.

## Tipp
Verwende eine Mischung aus Weihrauch und Lavendel für ein nährendes Abendritual.

## Aktivität

Teile einen Moment der Fülle mit anderen. Veranstalte ein Picknick, teile Früchte oder ein selbstgemachtes Gericht und feiere die Freude der Gemeinschaft.

## Symbolik

Auch wenn der August von Fülle geprägt ist, kann das Loslassen Teil dieses Prozesses sein.

## Räucherritual für Energie und Neuanfang

Zünde Zitronenmelisse oder Rosmarin an, um die Energie des Raumes zu erfrischen und neue Dynamik einzuladen.
Probiere Pfefferminze für Klarheit, Limette für eine belebende Note oder Zypressenöl, um neuen Schwung zu fördern.

## Anleitung

Schließe die Augen und stelle dir vor, wie du inmitten eines goldenen Feldes stehst, die Sonne wärmt dein Gesicht, und du spürst die reiche Fülle um dich herum. Lasse dieses Gefühl von Überfluss und Freude deinen Tag begleiten.

## Tipp

Bereite dir ein erfrischendes Getränk mit Minze, Zitrone und einem Tropfen Young Living Pfefferminzöl+ zu. Perfekt für heiße Sommertage!

---

### Inspirierende Fragen

Welche Projekte oder Ziele sind in diesem Jahr gereift, und wie kannst du diese Ernte sinnvoll nutzen?

Welche Schritte kannst du unternehmen, um dein inneres Gleichgewicht zu stärken? Was zeigt dir die Natur in dieser Jahreszeit über deinen eigenen Wachstumsprozess?

# WOCHENPLANER 2025 - 32. WOCHE

### „MEINE TO-DO'S UND FOKUS"

### „MEIN HEUTIGER HANDLUNGSIMPULS"

„Welche mutigen Schritte könntest du heute unternehmen, um deinen Weg mit mehr Klarheit voranzubringen?"

„Ziehe deine Karte und klebe sie hier ein, oder male selber ein Bild"

„Notiere oben deine Gedanken zur gezogenen Karte."

„Ziehe deine Karte und lass dich von der Inspiration überraschen."

„Notiere oben deine Gedanken zur gezogenen Karte."

### „DIE BOTSCHAFT DES TAGES"

### „MEINE HANDLUNGSKARTE"

# REFLEXIONSBLATT

## Gedanken zur Reinigung und Neuausrichtung

## Erfahrungen mit den vorgeschlagenen Ritualen

## Erfolge, Herausforderungen und neue Erkenntnisse

## Deine Absicht für diese Woche

# WOCHENPLANER 2025 - 33. WOCHE

**„MEINE TO-DO'S UND FOKUS"**

**„MEIN HEUTIGER HANDLUNGSIMPULS"**

„An welchen Stellen in deinem Leben kannst du die Kontrolle stärker übernehmen?"

„Ziehe deine Karte und klebe sie hier ein, oder male selber ein Bild"

„Notiere oben deine Gedanken zur gezogenen Karte."

„Ziehe deine Karte und lass dich von der Inspiration überraschen."

„Notiere oben deine Gedanken zur gezogenen Karte."

**„DIE BOTSCHAFT DES TAGES"**

**„MEINE HANDLUNGSKARTE"**

# REFLEXIONSBLATT

## Gedanken zur Reinigung und Neuausrichtung

## Erfahrungen mit den vorgeschlagenen Ritualen

## Erfolge, Herausforderungen und neue Erkenntnisse

## Deine Absicht für diese Woche

## „MEINE TO-DO'S UND FOKUS"

## „MEIN HEUTIGER HANDLUNGSIMPULS"

„Wie findest du eine gute Balance zwischen deinem Antrieb und der nötigen Geduld, um deine Ziele zu erreichen?"

„Ziehe deine Karte und klebe sie hier ein, oder male selber ein Bild"

„Notiere oben deine Gedanken zur gezogenen Karte."

„Ziehe deine Karte und lass dich von der Inspiration überraschen."

„Notiere oben deine Gedanken zur gezogenen Karte."

## „DIE BOTSCHAFT DES TAGES"

## „MEINE HANDLUNGSKARTE"

# REFLEXIONSBLATT

## Gedanken zur Reinigung und Neuausrichtung

## Erfahrungen mit den vorgeschlagenen Ritualen

## Erfolge, Herausforderungen und neue Erkenntnisse

## Deine Absicht für diese Woche

# WOCHENPLANER 2025 - 35. WOCHE

## „MEINE TO-DO'S UND FOKUS"

## „MEIN HEUTIGER HANDLUNGSIMPULS"

„Welche Herausforderungen könntest du meistern, indem du auf deinen inneren Kompass hörst?"

„Ziehe deine Karte und klebe sie hier ein, oder male selber ein Bild"

„Notiere oben deine Gedanken zur gezogenen Karte."

„Ziehe deine Karte und lass dich von der Inspiration überraschen."

„Notiere oben deine Gedanken zur gezogenen Karte."

## „DIE BOTSCHAFT DES TAGES"

## „MEINE HANDLUNGSKARTE"

# REFLEXIONSBLATT

## Gedanken zur Reinigung und Neuausrichtung

## Erfahrungen mit den vorgeschlagenen Ritualen

## Erfolge, Herausforderungen und neue Erkenntnisse

## Deine Absicht für diese Woche

# September

„September ist die Zeit der Ernte, nicht nur in der Natur,
sondern auch in deinem Leben"

„Das Geheimnis des Lebens liegt nicht nur im Sammeln,
sondern auch im Teilen der Ernte"

# Einleitung für September

Der September markiert die Schwelle zwischen dem lebhaften Sommer und dem ruhigen Herbst. Es ist eine Zeit, in der die Natur ihre Früchte offenbart und uns einlädt, unsere eigene „Ernte" zu betrachten – die Ergebnisse unseres Bestrebens, unsere Fehlerschaften und die Lektionen des Jahres.

In diesem Monat geht es darum, innezuhalten und dankbar zu sein.

*Was hast du gesagt, das nun Früchte trägt?*

Vielleicht ist es ein Projekt, das Gestalt angenommen hat, eine Beziehung, die gewachsen ist, oder persönliche Ziele, die du erreicht hast.

Doch der September erinnert uns auch daran, dass die Erntezeit mit Verantwortung verbunden ist: Wir dürfen achtsam sein, was wir behalten, was wir teilen und was wir loslassen.

Diese Zeit ist eine Einladung zur Selbstreflexion.

*Wie kannst du die Fülle in deinem Leben feiern und gleichzeitig*
*Raum für Neues schaffen?*

Nutze diesen Monat, um die Gaben des Lebens anzunehmen, deinen inneren Reichtum zu erkennen und bewusst mit deinen Ressourcen umzugehen. Der Herbst steht vor der Tür, und mit ihm beginnt ein neuer Zyklus. Bereite dich darauf vor, Altes zu erreichen und mit klarem Fokus auf das Wesentliche weiterzugehen.

# Anleitungen und Tipps für September

## Reflexion und Dankbarkeit

Beginne deinen Tag mit einem Dankbarkeitsritual. Notiere drei Dinge, für die du dankbar bist, und nimm dir Zeit, diese wirklich zu spüren.

Reflektiere über deine Erfolge und Herausforderungen des Jahres.

*Was hast du gelernt? Was kannst du feiern?*

## Rituale für Loslassen und Neubeginn

Zünde eine Kerze an und schreibe auf, was du in deinem Leben loslassen möchtest. Verbrenne diesen Zettel sicher, um symbolisch Altes zu verabschieden.

Plane einen Spaziergang in der Natur, insbesondere in einem Wald oder einem Park mit herbstlichen Farben. Nutze die Gelegenheit, bewusst loszulassen, was nicht mehr zu dir passt.

## Nährende Öle und Düfte

Verwende Young Living Öle wie „Acceptance" oder „Abundance" in deinem Diffuser, um eine Atmosphäre von Fülle und Dankbarkeit zu schaffen.

Eine Handinhalation mit „Frankincense" (Weihrauch) kann dir helfen, deinen Geist zu klären und dich auf das Wesentliche zu fokussieren.

## Innere Balance stärken

Probiere eine Meditationsübung, bei der du deinen Atem bewusst wahrnimmst und dir vorstellst, wie er dich mit frischer Energie erfüllt.

Yin Yoga oder sanfte Dehnübungen können dir helfen, Körper und Geist in Einklang zu bringen.

## Kreativer Ausdruck
Gestalte ein Vision Board für die letzten Monate des Jahres.

### *Was möchtest du noch erreichen oder erleben?*

Male oder schreibe über das Gefühl von Fülle und wie du es in deinem Leben manifestieren kannst.

### Ernährung und Körperpflege
Setze auf saisonale Lebensmittel wie Äpfel, Birnen, Kürbis und Wurzelgemüse, um deinen Körper zu erden.
Genieße einen warmen Tee mit Zimt und Ingwer, um Körper und Seele zu wärmen.

### Gemeinschaft und Austausch
Plane ein Treffen mit Freunden oder der Familie, um die Erntezeit gemeinsam zu feiern – sei es mit einem herbstlichen Picknick oder einem gemütlichen Abendessen.
Teile deine Dankbarkeit und deine Erkenntnisse mit jemandem, der dir wichtig ist.

### Affirmation für den September
„Ich feiere die Fülle in meinem Leben und lasse los, was nicht mehr zu mir gehört. Ich bin bereit für Neues."

Nutze diese Vorschläge, um den September bewusst zu gestalten und dich auf die Veränderungen des Jahres einzustimmen.

### Inspirierende Fragen

*Welche Handlung kann ich heute tun, um mich geerdeter und ausgeglichener zu fühlen?*

*Was möchte ich bis zum Jahresende noch erreichen oder erleben?*

# WOCHENPLANER 2025 - 36. WOCHE

**„MEINE TO-DO'S UND FOKUS"**

**„MEIN HEUTIGER HANDLUNGSIMPULS"**

„Manchmal führt der einsamste Pfad zu den größten Erkenntnissen."

„Ziehe deine Karte und klebe sie hier ein, oder male selber ein Bild"

„Notiere oben deine Gedanken zur gezogenen Karte."

„Ziehe deine Karte und lass dich von der Inspiration überraschen."

„Notiere oben deine Gedanken zur gezogenen Karte."

**„DIE BOTSCHAFT DES TAGES"**

**„MEINE HANDLUNGSKARTE"**

# REFLEXIONSBLATT

## Gedanken zur Reinigung und Neuausrichtung

## Erfahrungen mit den vorgeschlagenen Ritualen

## Erfolge, Herausforderungen und neue Erkenntnisse

## Deine Absicht für diese Woche

# WOCHENPLANER 2025 - 37. WOCHE

## „MEINE TO-DO'S UND FOKUS"

## „MEIN HEUTIGER HANDLUNGSIMPULS"

„Nicht die Seele ist im Universum, sondern das Universum ist in ihr."

„Ziehe deine Karte und klebe sie hier ein, oder male selber ein Bild"

„Notiere oben deine Gedanken zur gezogenen Karte."

„Ziehe deine Karte und lass dich von der Inspiration überraschen."

„Notiere oben deine Gedanken zur gezogenen Karte."

## „DIE BOTSCHAFT DES TAGES"

## „MEINE HANDLUNGSKARTE"

# REFLEXIONSBLATT

## Gedanken zur Reinigung und Neuausrichtung

## Erfahrungen mit den vorgeschlagenen Ritualen

## Erfolge, Herausforderungen und neue Erkenntnisse

## Deine Absicht für diese Woche

# WOCHENPLANER 2025 - 38. WOCHE

### „MEINE TO-DO'S UND FOKUS"

### „MEIN HEUTIGER HANDLUNGSIMPULS"

> „Der Eremit erinnert uns daran, dass in der Stille die Kraft zur Veränderung verborgen liegt."

„Ziehe deine Karte und klebe sie hier ein, oder male selber ein Bild"

„Notiere oben deine Gedanken zur gezogenen Karte."

„Ziehe deine Karte und lass dich von der Inspiration überraschen."

„Notiere oben deine Gedanken zur gezogenen Karte."

### „DIE BOTSCHAFT DES TAGES"

### „MEINE HANDLUNGSKARTE"

# REFLEXIONSBLATT

## Gedanken zur Reinigung und Neuausrichtung

## Erfahrungen mit den vorgeschlagenen Ritualen

## Erfolge, Herausforderungen und neue Erkenntnisse

## Deine Absicht für diese Woche

# WOCHENPLANER 2025 - 39. WOCHE

### „MEINE TO-DO'S UND FOKUS"

### „MEIN HEUTIGER HANDLUNGSIMPULS"

> „Deine Reise mag anfangs einsam sein, doch sie wird dich zu einer tiefen Verbindung mit dir selbst führen."

„Ziehe deine Karte und klebe sie hier ein, oder male selber ein Bild"

„Notiere oben deine Gedanken zur gezogenen Karte."

„Ziehe deine Karte und lass dich von der Inspiration überraschen."

„Notiere oben deine Gedanken zur gezogenen Karte."

### „DIE BOTSCHAFT DES TAGES"

### „MEINE HANDLUNGSKARTE"

# REFLEXIONSBLATT

## Gedanken zur Reinigung und Neuausrichtung

## Erfahrungen mit den vorgeschlagenen Ritualen

## Erfolge, Herausforderungen und neue Erkenntnisse

## Deine Absicht für diese Woche

# WOCHENPLANER 2025 - 40. WOCHE

## „MEINE TO-DO'S UND FOKUS"

## „MEIN HEUTIGER HANDLUNGSIMPULS"

„Gönn dir heute einen Moment der Stille, um die Weisheit deines Herzens zu erspüren."

„Ziehe deine Karte und klebe sie hier ein, oder male selber ein Bild"

„Notiere oben deine Gedanken zur gezogenen Karte."

„Ziehe deine Karte und lass dich von der Inspiration überraschen."

„Notiere oben deine Gedanken zur gezogenen Karte."

## „DIE BOTSCHAFT DES TAGES"

## „MEINE HANDLUNGSKARTE"

# REFLEXIONSBLATT

## Gedanken zur Reinigung und Neuausrichtung

## Erfahrungen mit den vorgeschlagenen Ritualen

## Erfolge, Herausforderungen und neue Erkenntnisse

### Deine Absicht für diese Woche

# Oktober

„Der Oktober ist die Brücke zwischen dem Licht des Sommers
und der Stille des Winters"

„Herbst ist die Jahreszeit, die zeigt, wie schön
Veränderung sein kann"

# Einführung für Oktober

Der Oktober lädt uns ein, innezuhalten und die Schönheit des Wandels zu betrachten. Wie die Blätter, die sich in leuchtenden Farben verabschieden, so dürfen auch wir loslassen, was uns nicht mehr dient.

Es ist die Zeit der Ernte – sowohl im äußeren als auch im inneren Sinne.

*Welche Samen hast du in diesem Jahr gesät,*
*und welche Früchte trägst du nun in dir?*

Mit jedem Schritt durch den Oktober können wir uns fragen.

*Was habe ich erreicht?*
*Was darf ich noch abschließen?*
*Was möchte ich mit Dankbarkeit loslassen, um Platz für Neues zu schaffen?*

Die Magie des Herbstes liegt im Gleichgewicht zwischen Fülle und Vergänglichkeit.

Nutze diesen Monat, um dich mit deinen Wurzeln zu verbinden und gleichzeitig den Blick nach vorne zu richten. Es ist eine Zeit des Übergangs – von Licht zu Dunkel, von Aktivität zu Ruhe. In diesem Wechselspiel liegt die wahre Kraft des Lebens.

# Anleitungen und Tipps für Oktober

## Dankbarkeit kultivieren

Nimm dir jeden Abend ein paar Minuten Zeit, um über die positiven Dinge des Tages nachzudenken. Schreibe sie in ein Tagebuch – sei es ein unerwartetes Lächeln, ein schöner Sonnenuntergang oder ein Moment der Ruhe. Dankbarkeit kann helfen, den Fokus auf das Gute zu richten und innere Zufriedenheit zu fördern.

## Energetische Reinigung

Wie die Natur im Herbst Altes loslässt, kannst auch du dich von unnötigem Ballast befreien.
Räume deinen Kleiderschrank auf und spende Kleidung, die du nicht mehr trägst.
Mache eine energetische Reinigung deines Zuhauses mit Räucherwerk wie Salbei oder Palo Santo.
Verwende ätherische Öle wie Zypresse oder Wacholder im Diffuser, um eine klärende Atmosphäre zu schaffen.

## Rituale des Loslassens

Schreibe auf einen Zettel, was du loslassen möchtest – alte Muster, Ängste oder belastende Gedanken. Verbrenne den Zettel sicher in einer feuerfesten Schale und visualisiere, wie du Raum für Neues schaffst.

## Stärkung deiner Immunität

Der Herbst ist die ideale Zeit, um dein Immunsystem zu unterstützen.
Trinke warme Getränke mit Ingwer, Zimt oder Kurkuma.
Ergänze deine Ernährung mit saisonalen Lebensmitteln wie Kürbis, Karotten und Äpfeln.
Verwende Young Living Öle wie Thieves oder Lemon Plus zur Unterstützung deiner Gesundheit.

## Verbindung zur Natur

Gönne dir regelmäßige Spaziergänge im Wald oder Park, um die Farbenpracht des Herbstes zu genießen. Atme bewusst die kühle, frische Luft ein und erde dich, indem du die Natur beobachtest.

## Reflexion und Planung

Setze dich an einem gemütlichen Abend hin und reflektiere über das Jahr.

*Was hast du bisher erreicht?*
*Was möchtest du bis zum Jahresende noch abschließen?*

Plane kleine Schritte, um deine Ziele zu erreichen, und lasse dir genug Raum für Ruhe und Regeneration.

## Achtsame Selbstfürsorge

Gönne dir ein heißes Bad mit Lavendelöl oder Epsom-Salz, um dich zu entspannen.
Lies ein inspirierendes Buch oder schreibe Gedanken in dein Tagebuch.
Probiere sanfte Yoga-Übungen oder Meditationen aus, um deine Mitte zu finden.

Der Oktober ist ein Monat des Wandels und der inneren Einkehr. Nutze diese Zeit, um Altes loszulassen, Neues zu begrüßen und dich mit deinem inneren Gleichgewicht zu verbinden.

## Inspirierende Fragen

*Was kann ich in meinem Leben loslassen, um Platz für Neues zu schaffen?*

*Welche alten Muster oder Ängste halten mich zurück, und wie kann ich sie transformieren?*

*Wofür bin ich in diesem Moment dankbar, und wie kann ich diese Dankbarkeit ausdrücken?*

# WOCHENPLANER 2025 - 41. WOCHE

### „MEINE TO-DO'S UND FOKUS"

### „MEIN HEUTIGER HANDLUNGSIMPULS"

„Das Leben ist voller Möglichkeiten – wie gehst du mit den Chancen um, die sich dir bieten?"

„Ziehe deine Karte und klebe sie hier ein, oder male selber ein Bild"

„Notiere oben deine Gedanken zur gezogenen Karte."

„Ziehe deine Karte und lass dich von der Inspiration überraschen."

„Notiere oben deine Gedanken zur gezogenen Karte."

### „DIE BOTSCHAFT DES TAGES"

### „MEINE HANDLUNGSKARTE"

# REFLEXIONSBLATT

## Gedanken zur Reinigung und Neuausrichtung

## Erfahrungen mit den vorgeschlagenen Ritualen

## Erfolge, Herausforderungen und neue Erkenntnisse

## Deine Absicht für diese Woche

# WOCHENPLANER 2025 - 42. WOCHE

„Vertraue dem natürlichen Fluss des Universums,
denn es wird dich an den richtigen Ort führen."

"Ziehe deine Karte
und klebe sie hier
ein, oder male
selber ein Bild"

"Notiere oben
deine Gedanken
zur gezogenen
Karte."

"Ziehe deine Karte
und lass dich von
der Inspiration
überraschen."

"Notiere oben
deine Gedanken
zur gezogenen
Karte."

# REFLEXIONSBLATT

## Gedanken zur Reinigung und Neuausrichtung

## Erfahrungen mit den vorgeschlagenen Ritualen

## Erfolge, Herausforderungen und neue Erkenntnisse

## Deine Absicht für diese Woche

# WOCHENPLANER 2025 - 43. WOCHE

### „MEINE TO-DO'S UND FOKUS"

### „MEIN HEUTIGER HANDLUNGSIMPULS"

> „Trotz der ständigen Veränderungen bleibst du innerlich stark –
> finde dein Gleichgewicht."

„Ziehe deine Karte
und klebe sie hier
ein, oder male
selber ein Bild"

„Notiere oben
deine Gedanken
zur gezogenen
Karte."

„Ziehe deine Karte
und lass dich von
der Inspiration
überraschen."

„Notiere oben
deine Gedanken
zur gezogenen
Karte."

### „DIE BOTSCHAFT DES TAGES"

### „MEINE HANDLUNGSKARTE"

# REFLEXIONSBLATT

## Gedanken zur Reinigung und Neuausrichtung

## Erfahrungen mit den vorgeschlagenen Ritualen

## Erfolge, Herausforderungen und neue Erkenntnisse

Deine Absicht für diese Woche

# WOCHENPLANER 2025 - 44. WOCHE

### „MEINE TO-DO'S UND FOKUS"

### „MEIN HEUTIGER HANDLUNGSIMPULS"

> „Oft genügt eine kleine Entscheidung, um das Leben in die gewünschte Richtung zu lenken."

„Ziehe deine Karte und klebe sie hier ein, oder male selber ein Bild"

„Notiere oben deine Gedanken zur gezogenen Karte."

„Ziehe deine Karte und lass dich von der Inspiration überraschen."

„Notiere oben deine Gedanken zur gezogenen Karte."

### „DIE BOTSCHAFT DES TAGES"

### „MEINE HANDLUNGSKARTE"

# REFLEXIONSBLATT

## Gedanken zur Reinigung und Neuausrichtung

## Erfahrungen mit den vorgeschlagenen Ritualen

## Erfolge, Herausforderungen und neue Erkenntnisse

## Deine Absicht für diese Woche

# November

"Wenn die letzten Blätter fallen und die kühle Luft die Landschaft umhüllt, lädt der November dazu ein, innezuhalten und Kraft zu schöpfen"

"Der November ist die Brücke zwischen Fülle und Stille"

# Einführung für November

Der November ist ein Monat der inneren Einkehr und Reflexion. Die kürzeren Tage und die kältere Luft laden uns ein, nach innen zu schauen und unsere Energie zu bewahren.

Es ist die Zeit, um Altes loszulassen, Platz für Neues zu schaffen und die Balance zwischen Aktivität und Ruhe zu finden. Der November ermutigt uns, die Ernte des Jahres zu würdigen und uns bewusst auf die bevorstehende Winterruhe einzustellen.

Zur gleichen Zeit bietet der November die Gelegenheit, sich mit gemütlichen Abenden, warmen Getränken und guten Büchern zu umgeben.

Die Natur zeigt sich in warmen Erdtönen, und die letzten Blätter tanzen im Wind, bevor sie sanft zu Boden segeln. In dieser besinnlichen Atmosphäre können wir innehalten, Dankbarkeit für das Vergangene empfinden und Pläne für die Zukunft schmieden.

Der November ist ein Monat der Übergänge, ein stiller Begleiter, der uns auf die festliche Jahreszeit vorbereitet und uns daran erinnert, die Schönheit im Wandel zu erkennen.

Der November kann uns auch dazu inspirieren, unsere Gewohnheiten zu überdenken und gesunde Routinen zu etablieren, die uns durch die kälteren Monate tragen. Ein Spaziergang an der frischen Luft oder eine Tasse Tee in der Stille des Morgens kann Wunder wirken und uns zentrieren.

Lassen wir uns von der Ruhe des Novembers umarmen und erinnern wir uns daran, dass auch die stillen Momente des Lebens eine tiefe Schönheit und Bedeutung haben. In der Besinnung und im Loslassen finden wir die Kraft, mit Zuversicht und Hoffnung in die Zukunft zu blicken.

# Anleitungen und Tipps für den November

## Ritual des Loslassens

Schreibe auf, was du in deinem Leben loslassen möchtest – alte Gewohnheiten, belastende Gedanken oder ungesunde Beziehungen. Verbrenne den Zettel sicher und symbolisiere damit den Akt des Loslassens.

## Kerzenmeditation

Zünde eine Kerze an und beobachte die Flamme für ein paar Minuten. Visualisiere, wie das Licht der Kerze Wärme und Klarheit in deinen Geist bringt. Dies ist ein kraftvolles Ritual, um Dunkelheit und Unsicherheit zu transformieren.

## Innere Einkehr

Nutze die ruhige Energie des Novembers für Meditation und Reflexion. Eine einfache Atemübung kann dir helfen, Klarheit zu gewinnen. Atme tief ein und stelle dir vor, wie frische Energie in dich fließt. Atme aus und lasse dabei alles los, was dich belastet.

## Räucherritual für Kreativität

Setze auf Johanniskraut oder Rosenblüten, um Inspiration und positive Schwingungen zu fördern.
Mit Neroli für Kreativität, Ingwer für Entschlossenheit oder Basilikum für mentale Klarheit kannst du deine kreative Energie verstärken.

## Tagebuchübung

Schreibe über die wichtigsten Momente des Jahres.

*Was hast du gelernt?*
*Welche Herausforderungen haben dich gestärkt?*

Diese Übung hilft dir, die Ernte deines Jahres zu würdigen.

## Körperliche Stärkung

Gehe in die Natur und mache achtsame Spaziergänge, auch wenn das Wetter rauer ist. Die frische Luft und die Bewegung unterstützen dein Immunsystem und bringen Klarheit in deine Gedanken.

## Wärmende Getränke

Genieße wärmende Tees wie Ingwer, Kurkuma oder Zimt. Diese unterstützen nicht nur dein Wohlbefinden, sondern bringen auch deine Energie in der kalten Jahreszeit ins Gleichgewicht.

## Öl-Tipp

Füge ein paar Tropfen in deinen Diffuser hinzu, um ein warmes und schützendes Aroma in deinem Zuhause zu erzeugen. Verwende Thieves auch zur Stärkung deines Immunsystems, indem du es mit einem Trägeröl verdünnst und auf die Fußsohlen aufträgst.

## Inspirierende Lesung oder Musik

Widme dich einem Buch oder einer Musik, die dich inspiriert. Der November ist eine Zeit für geistige Nahrung – finde Geschichten oder Klänge, die dein Herz erwärmen und deinen Geist anregen.

## Dankbarkeitsritual

Schreibe jeden Abend drei Dinge auf, für die du dankbar bist. Diese einfache Übung hilft dir, die Schönheit im Alltäglichen zu erkennen und deine Gedanken auf das Positive zu lenken.

Gestalte den November zu einer Zeit der bewussten Besinnung und bereite dich innerlich auf den Neuanfang vor, den der Dezember mit sich bringt.

## Inspirierende Fragen

*Was möchte ich loslassen, um Platz für Neues zu schaffen?*

*Welche Herausforderungen habe ich in diesem Jahr gemeistert?*

*Was kann ich in der stillen Zeit des Novembers für meine Seele tun?*

# WOCHENPLANER 2025 - 45. WOCHE

## „MEINE TO-DO'S UND FOKUS"

## „MEIN HEUTIGER HANDLUNGSIMPULS"

„Echte Stärke offenbart sich in der Sanftmut, mit der wir die Möglichkeiten erkennen."

„Ziehe deine Karte und klebe sie hier ein, oder male selber ein Bild"

„Notiere oben deine Gedanken zur gezogenen Karte."

„Ziehe deine Karte und lass dich von der Inspiration überraschen."

„Notiere oben deine Gedanken zur gezogenen Karte."

## „DIE BOTSCHAFT DES TAGES"

## „MEINE HANDLUNGSKARTE"

# REFLEXIONSBLATT

## Gedanken zur Reinigung und Neuausrichtung

## Erfahrungen mit den vorgeschlagenen Ritualen

## Erfolge, Herausforderungen und neue Erkenntnisse

## Deine Absicht für diese Woche

# WOCHENPLANER 2025 - 46. WOCHE

## „MEINE TO-DO'S UND FOKUS"

## „MEIN HEUTIGER HANDLUNGSIMPULS"

> „Entfalte deine innere Kraft, um Hindernisse aus dem Weg zu räumen und dein volles Potenzial auszuschöpfen."

„Ziehe deine Karte und klebe sie hier ein, oder male selber ein Bild"

„Notiere oben deine Gedanken zur gezogenen Karte."

„Ziehe deine Karte und lass dich von der Inspiration überraschen."

„Notiere oben deine Gedanken zur gezogenen Karte."

## „DIE BOTSCHAFT DES TAGES"

## „MEINE HANDLUNGSKARTE"

# REFLEXIONSBLATT

## Gedanken zur Reinigung und Neuausrichtung

## Erfahrungen mit den vorgeschlagenen Ritualen

## Erfolge, Herausforderungen und neue Erkenntnisse

Deine Absicht für diese Woche

# WOCHENPLANER 2025 - 47. WOCHE

### „MEINE TO-DO'S UND FOKUS"

### „MEIN HEUTIGER HANDLUNGSIMPULS"

"Oft zeigt sich größte Stärke darin, loszulassen
und den Dingen ihren natürlichen Verlauf zu überlassen."

„Ziehe deine Karte
und klebe sie hier
ein, oder male
selber ein Bild"

„Notiere oben
deine Gedanken
zur gezogenen
Karte."

„Ziehe deine Karte
und lass dich von
der Inspiration
überraschen."

„Notiere oben
deine Gedanken
zur gezogenen
Karte."

### „DIE BOTSCHAFT DES TAGES"

### „MEINE HANDLUNGSKARTE"

# REFLEXIONSBLATT

### Gedanken zur Reinigung und Neuausrichtung

### Erfahrungen mit den vorgeschlagenen Ritualen

### Erfolge, Herausforderungen und neue Erkenntnisse

### Deine Absicht für diese Woche

# WOCHENPLANER 2025 - 48. WOCHE

## „MEINE TO-DO'S UND FOKUS"

## „MEIN HEUTIGER HANDLUNGSIMPULS"

„Deine Kraft gleicht einer unerschöpflichen Quelle –
sie fließt über, wenn du sie mit Liebe und Geduld einsetzt."

„Ziehe deine Karte
und klebe sie hier
ein, oder male
selber ein Bild"

„Notiere oben
deine Gedanken
zur gezogenen
Karte."

„Ziehe deine Karte
und lass dich von
der Inspiration
überraschen."

„Notiere oben
deine Gedanken
zur gezogenen
Karte."

## „DIE BOTSCHAFT DES TAGES"

## „MEINE HANDLUNGSKARTE"

# REFLEXIONSBLATT

### Gedanken zur Reinigung und Neuausrichtung

### Erfahrungen mit den vorgeschlagenen Ritualen

### Erfolge, Herausforderungen und neue Erkenntnisse

### Deine Absicht für diese Woche

# Dezember

Im Dezember ruht die Welt unter einem Mantel
aus Schnee und Stille

"Im tiefsten Winter entdeckte ich, dass in mir
ein unbesiegbarer Sommer wohnt"
Albert Camus

# Einführung für Dezember

Der Dezember ist der Monat der stillen Magie, der Reflexion und der Übergänge. Die Tage sind kurz, die Nächte lang – doch in dieser Dunkelheit entfaltet sich ein besonderes Licht. Es ist die Zeit, um innezuhalten, die vergangenen Monate Revue passieren zu lassen und sich auf das neue Jahr vorzubereiten.

Die Natur hat sich zurückgezogen, ruht und sammelt Kraft für den Neubeginn. Auch wir sind eingeladen, in uns zu gehen, uns mit unseren Wurzeln zu verbinden und den Raum für neue Träume und Ziele zu schaffen. Es ist ein Monat voller Rituale – sei es das Entzünden von Kerzen, das Schmücken von Räumen oder das bewusste Zusammensein mit unseren Liebsten.

Der Dezember erinnert uns daran, dass das Leben ein Kreislauf ist. Ein Jahr endet, damit ein neues beginnen kann. Diese Zeit bietet uns die Möglichkeit, Altes loszulassen, uns zu verabschieden und voller Hoffnung und Zuversicht nach vorne zu blicken.

Finde deinen inneren Frieden, lasse die Wärme der Liebe dein Herz erhellen und öffne dich für das Wunder des Neubeginns.

# Anleitungen und Tipps für den Dezember

## Rituale für Abschied und Neubeginn

Notiere, was du im alten Jahr hinter dir lassen möchtest. Verbrenne den Zettel (sicher) und stelle dir vor, wie alles Belastende verschwindet.
Erstelle eine Liste deiner Wünsche und Ziele für das kommende Jahr und visualisiere, wie sie Wirklichkeit werden.

## Zeit für Dankbarkeit

Halte jeden Tag drei Dinge fest, für die du in diesem Jahr dankbar bist.
Zeige bewusst Dankbarkeit gegenüber Menschen, die dich unterstützt oder inspiriert haben.

## Räucherritual für Schutz

Nutze Lorbeerblätter oder Angelikawurzel, um einen energetischen Schutzraum zu schaffen.
Ätherische Öle wie Wacholder für Schutz, Patchouli für Erdung oder Bergamotte für Selbstvertrauen ergänzen das Ritual perfekt.

## Pflege deine innere Ruhe

Nimm dir täglich 10 Minuten für Stille oder Meditation, um die Verbindung zu deinem Inneren zu stärken.
Gönne dir ein warmes Bad, angereichert mit ätherischen Ölen wie Lavendel oder Stress Away von Young Living.

## Kreative Reflexion

Erstelle ein Vision Board für das neue Jahr mit Bildern, Worten und Symbolen, die deine Träume repräsentieren.
Male oder schreibe frei über das, was das Jahr 2025 für dich bedeutet hat.

## Verbinde dich mit deinen Ahnen: Eine Einladung zur Achtsamkeit

Nimm dir Zeit, um dich mit deinen Ahnen zu verbinden und ihre Weisheit in dein Leben zu integrieren. Setze dich an einen ruhigen Ort, atme tief ein und lade die Erinnerungen und Lektionen deiner Vorfahren ein, dich zu begleiten.
Du kannst ein Ritual durchführen, indem du Kerzen anzündest oder eine kleine Zeremonie mit persönlichen Gegenständen deiner Familie gestaltest. spüren.

## Verbinde dich mit deinen Liebsten

Plane gemütliche Abende mit Familie und Freunden, um gemeinsam zu reflektieren und Pläne zu schmieden.
Teile deine Träume und Wünsche für das kommende Jahr mit denen, die dir nahe stehen.

## Erholung und Regeneration

Plane bewusst Tage für dich selbst, um Kraft zu tanken.
Besuche eine Massagepraxis, ein Spa oder gönn dir eine Yoga-Session, um Körper und Geist zu entspannen.

## Ätherische Öle für den Dezember

Weihrauch: Für spirituelle Tiefe und innere Klarheit.
Orange: Für Wärme, Freude und Optimismus.
Zimt: Für Geborgenheit und Wohlgefühl in der Winterzeit.

## Aktivität im Freien

Gehe bewusst in die Natur, selbst wenn es kalt ist. Spüre die Ruhe der winterlichen Landschaft und tanke frische Energie.
Der Dezember lädt dich ein, in deinem eigenen Tempo das Jahr abzuschließen und dich sanft auf die Möglichkeiten eines neuen Jahres vorzubereiten.

## Inspirierende Fragen

Was bedeutet „Heimat" für mich, und wie kann ich dieses Gefühl in mein Leben integrieren?

Wie kann ich Beziehungen zu Menschen stärken, die mir wichtig sind?

Welche kleinen, alltäglichen Dinge machen mein Leben besonders?

# WOCHENPLANER 2025 - 49. WOCHE

### „MEINE TO-DO'S UND FOKUS"

### „MEIN HEUTIGER HANDLUNGSIMPULS"

> „Gelegentlich ist es notwendig, sich umzudrehen, um die Welt aus einer anderen Perspektive zu betrachten."

„Ziehe deine Karte und klebe sie hier ein, oder male selber ein Bild"

„Notiere oben deine Gedanken zur gezogenen Karte."

„Ziehe deine Karte und lass dich von der Inspiration überraschen."

„Notiere oben deine Gedanken zur gezogenen Karte."

### „DIE BOTSCHAFT DES TAGES"

### „MEINE HANDLUNGSKARTE"

# REFLEXIONSBLATT

## Gedanken zur Reinigung und Neuausrichtung

## Erfahrungen mit den vorgeschlagenen Ritualen

## Erfolge, Herausforderungen und neue Erkenntnisse

## Deine Absicht für diese Woche

# WOCHENPLANER 2025 - 50. WOCHE

## „MEINE TO-DO'S UND FOKUS"

## „MEIN HEUTIGER HANDLUNGSIMPULS"

„Wahre Freiheit liegt im Loslassen – vertraue dem Fluss des Lebens."

„Ziehe deine Karte und klebe sie hier ein, oder male selber ein Bild"

„Notiere oben deine Gedanken zur gezogenen Karte."

„Ziehe deine Karte und lass dich von der Inspiration überraschen."

„Notiere oben deine Gedanken zur gezogenen Karte."

## „DIE BOTSCHAFT DES TAGES"

## „MEINE HANDLUNGSKARTE"

# REFLEXIONSBLATT

## Gedanken zur Reinigung und Neuausrichtung

## Erfahrungen mit den vorgeschlagenen Ritualen

## Erfolge, Herausforderungen und neue Erkenntnisse

## Deine Absicht für diese Woche

# WOCHENPLANER 2025 - 51. WOCHE

### „MEINE TO-DO'S UND FOKUS

### „MEIN HEUTIGER HANDLUNGSIMPULS"

„Was kannst du erreichen, wenn du das Vertraute hinter dir lässt?"

„Ziehe deine Karte und klebe sie hier ein, oder male selber ein Bild"

„Notiere oben deine Gedanken zur gezogenen Karte."

„Ziehe deine Karte und lass dich von der Inspiration überraschen."

„Notiere oben deine Gedanken zur gezogenen Karte."

### „DIE BOTSCHAFT DES TAGES"

### „MEINE HANDLUNGSKARTE"

# REFLEXIONSBLATT

## Gedanken zur Reinigung und Neuausrichtung

## Erfahrungen mit den vorgeschlagenen Ritualen

## Erfolge, Herausforderungen und neue Erkenntnisse

## Deine Absicht für diese Woche

# WOCHENPLANER 2025 - 52. WOCHE

**„MEINE TO-DO'S UND FOKUS**

**„MEIN HEUTIGER HANDLUNGSIMPULS"**

„Stillstand kann oft der Ausgangspunkt für eine tiefgreifende Transformation sein."

„Ziehe deine Karte und klebe sie hier ein, oder male selber ein Bild"

„Notiere oben deine Gedanken zur gezogenen Karte."

„Ziehe deine Karte und lass dich von der Inspiration überraschen."

„Notiere oben deine Gedanken zur gezogenen Karte."

**„DIE BOTSCHAFT DES TAGES"**

**„MEINE HANDLUNGSKARTE"**

# REFLEXIONSBLATT

## Gedanken zur Reinigung und Neuausrichtung

## Erfahrungen mit den vorgeschlagenen Ritualen

## Erfolge, Herausforderungen und neue Erkenntnisse

## Deine Absicht für diese Woche

# WOCHENPLANER 2025 - 01. WOCHE

### „MEINE TO-DO'S UND FOKUS

### „MEIN HEUTIGER HANDLUNGSIMPULS"

„Der Gehängte weist uns darauf hin, dass die Antwort manchmal in der Stille zu finden ist."

„Ziehe deine Karte und klebe sie hier ein, oder male selber ein Bild"

„Notiere oben deine Gedanken zur gezogenen Karte."

„Ziehe deine Karte und lass dich von der Inspiration überraschen."

„Notiere oben deine Gedanken zur gezogenen Karte."

### „DIE BOTSCHAFT DES TAGES"

### „MEINE HANDLUNGSKARTE"

# REFLEXIONSBLATT

## Gedanken zur Reinigung und Neuausrichtung

## Erfahrungen mit den vorgeschlagenen Ritualen

## Erfolge, Herausforderungen und neue Erkenntnisse

## Deine Absicht für diese Woche

# MOND KALENDAR
## 2025

### Januar
6 · 13 · 21 · 29

### Februar
5 · 12 · 20 · 28

### März
6 · 14 · 22 · 29

### April
5 · 13 · 21 · 27

### Mai
7 · 13 · 21 · 27

### Juni
4 · 12 · 20 · 27

### Juli
2 · 10 · 18 · 24

### August
1 · 9 · 16 · 23 · 31

### September
7 · 14 · 21 · 30

### Oktober
7 · 13 · 21 · 29

### November
5 · 12 · 20 · 28

### December
5 · 11 · 20 · 17

Vollmond · Neumond

Zunehmend · Abnehmend

# TIPPS FÜR DEN VOLMOND

## Empfehlungen für den Vollmond

Der Vollmond ist ein kraftvoller Zeitpunkt für Manifestation, Reflexion und energetische Reinigung. Die Energie des Vollmondes fördert den Abschluss alter Zyklen und die Öffnung für neue Möglichkeiten. Hier sind einige Empfehlungen, um die Energie des Vollmonds optimal zu nutzen.

## Mondwasser herstellen

Stelle eine Karaffe Wasser im Mondlicht auf, um es mit der Energie des Vollmonds aufzuladen. Dieses Wasser kann für Rituale oder zum Trinken verwendet werden.

## Räuchern

Nutze Kräuter wie Salbei oder Lavendel, um deine Räume zu reinigen und positive Energien zu fördern. Räuchern kann helfen, deine Absichten zu verstärken. Räuchere deinen Raum mit Salbei, Palo Santo oder Weihrauch, um alte, stagnierende Energien zu entfernen.
Verwende ätherische Öle wie Lavendel, Zedernholz oder Weihrauch im Diffuser, um eine beruhigende und reinigende Atmosphäre zu schaffen.

## Meditation

Verbringe Zeit im Freien und lasse das Licht des Mondes auf dich scheinen. Meditiere dabei, um innere Ruhe und Klarheit zu finden.
Fokussiere dich auf Dankbarkeit.
Eine Frage für deine Reflexion könnte sein:
„Welche Lektionen habe ich in diesem Zyklus gelernt?"
Verbinde dich durch eine Meditation mit deinem Unterbewusstsein und visualisiere Klarheit und Heilung.

## Mondbad

Stelle dich unter das Licht des Vollmonds und spüre, wie seine Energie dich auflädt.
Du kannst auch Wasser in einem Glas oder einer Schale unter das Mondlicht stellen, um es mit der Energie des Mondes aufzuladen. Trinke es am nächsten Morgen.

# TIPPS FÜR DEN VOLMOND

## Tanz im Mondlicht

Feiere den Vollmond mit einem Tanz im Freien oder in deinem Wohnzimmer. Dies kann eine befreiende und energetisierende Erfahrung sein. Leichte, fließende Bewegungen wie Yoga oder Tanzen helfen, die kraftvolle Energie des Vollmonds im Körper zu integrieren.

## Kreative Projekte starten

Nutze die kreative Energie des Vollmonds, um neue Projekte zu beginnen oder bestehende Arbeiten zu vollenden.

## Ziele setzen und manifestieren

Schreibe deine Wünsche und Ziele auf, die du während des Vollmonds manifestieren möchtest.
Verbinde diese Absichten mit einem Ritual, um ihre Kraft zu verstärken.
Schreibe deine Ziele und Wünsche auf, die du im nächsten Zyklus erreichen möchtest.
Visualisiere, wie du sie bereits erreicht hast. Nutze dabei die kraftvolle Energie des Vollmonds zur Manifestation.

## Naturspaziergang

Mache einen nächtlichen Spaziergang unter dem Vollmond, um die Natur zu genießen und dich mit der Umgebung zu verbinden.

## Yin Yoga

Praktiziere Yin Yoga, um Körper und Geist zu entspannen und dich auf die Energie des Vollmonds einzustellen.

## Kräuter sammeln

Nutze die Kraft des Vollmonds, um Kräuter zu sammeln, die du für Tees oder Räucherungen verwenden möchtest.

### Rituale zur Freigabe und Loslassen

Schreibe alles auf, was du loslassen möchtest – alte Muster, negative Gedanken, Beziehungen oder Situationen.

Verbrenne diesen Zettel sicher in einer feuerfesten Schale, um symbolisch die alten Energien freizusetzen.

**Sprich Affirmationen wie:** „Ich lasse los, was mir nicht mehr dient. Ich mache Platz für das Neue."

### Vollmond-Ritualbad

Bereite ein Bad mit Meersalz, ätherischen Ölen (z. B. Lavendel oder Rose) und getrockneten Blüten vor.

Während du badest, stelle dir vor, wie alles Negative von dir abfließt und du mit frischer Energie aufgeladen wirst.

### Kristallaufladung

Lege deine Kristalle und Edelsteine unter das Licht des Vollmonds, um sie zu reinigen und aufzuladen.

### Kreativer Ausdruck

Nutze die inspirierende Energie des Vollmonds für kreatives Arbeiten wie Malen, Schreiben oder Musik.

### Ätherische Öle für den Vollmond

**Lavendel:** Für Ruhe und Klarheit.
**Weihrauch:** Für spirituelle Verbindung.
**Rose:** Für Herzöffnung und Liebe.
**Zypresse:** Für Schutz und Erdung.

Die Vollmond-Energie ist stark und intensiv – nutze sie bewusst, um dich mit deinem Inneren zu verbinden, Altes loszulassen und dich auf das zu konzentrieren, was du in deinem Leben manifestieren möchtest.

# TIPPS FÜR DEN NEUMOND

Hier sind einige Tipps für den Neumond, die dir helfen können, neue Absichten zu setzen und Wünsche zu manifestieren.

## Neumond-Ritual durchführen

Nimm dir Zeit für ein persönliches Ritual. Zünde eine Kerze an, um Licht in die Dunkelheit des Neumonds zu bringen, und reflektiere über deine Wünsche und Ziele für den kommenden Monat.

## Wünsche aufschreiben

Formuliere deine Wünsche so, als wären sie bereits erfüllt. Schreibe sie auf ein Blatt Papier und bewahre es auf oder verbrenne es symbolisch, um deine Absichten ins Universum zu senden.

## Meditation

Meditation ist eine hervorragende Methode, um deinen Geist zu klären und dich auf deine Ziele zu konzentrieren. Nutze die Neumondnacht für eine geführte Meditation, um deine Wünsche zu visualisieren.

## Intentionen setzen

Setze dir klare Intentionen für den Monat. Überlege, was du erreichen möchtest und welche Schritte notwendig sind, um dorthin zu gelangen.

## Dankbarkeit üben

Erstelle eine Liste von Dingen, für die du dankbar bist. Dankbarkeit zieht positive Energie an und hilft dir, dich auf das Gute in deinem Leben zu konzentrieren.

## Kräuter sammeln oder Räuchern

Nutze Kräuter wie Salbei oder Lavendel, um negative Energien loszulassen und Platz für Neues zu schaffen. Räuchern kann eine kraftvolle Unterstützung für dein Neumond-Ritual sein.

## Neumond-Yoga

Praktiziere Yoga, um Körper und Geist in Einklang zu bringen. Es gibt spezielle Yoga-Übungen, die auf die Energie des Neumonds abgestimmt sind.

# TIPPS FÜR DEN NEUMOND

## Visualisierungstechniken

Visualisiere deine Wünsche während des Rituals oder der Meditation intensiv. Stelle dir vor, wie es sich anfühlt, wenn diese Wünsche Realität werden.

## Altar einrichten

Richte einen kleinen Altar mit symbolischen Gegenständen ein, die deine Wünsche repräsentieren – Kristalle, Bilder oder andere persönliche Gegenstände können dabei helfen.

## Selbstreflexion

Nutze die Zeit des Neumonds zur Selbstreflexion. Überlege, welche alten Muster oder Gewohnheiten du loslassen möchtest, um Platz für Neues zu schaffen.

## Journaling - Schreibe in dein Tagebuch

Was möchte ich in diesem Zyklus erschaffen?
Welche alten Gewohnheiten lasse ich hinter mir?
Welche Möglichkeiten möchte ich einladen?

Nutze diese Zeit, um deine innere Klarheit zu stärken und neue Ideen zu entwickeln.

## Ätherische Öle für den Neumond

**Zitrone:** Für Klarheit und Fokus.
**Rosmarin:** Für Erneuerung und Vitalität.
**Pfefferminze:** Für neue Perspektiven und frische Energie.
**Bergamotte:** Für Selbstvertrauen und Freude.

## Kreativer Ausdruck

Schreibe ein Gedicht, male ein Bild oder gestalte etwas, das deine Visionen für den neuen Zyklus repräsentiert.

Diese Praktiken können dir helfen, die Energie des Neumonds optimal zu nutzen und deine persönlichen Ziele zu verfolgen!

# TIPPS FÜR DEN ZUNEHMENDEN MOND

Hier sind einige Tipps für Aktivitäten, die du während des zunehmenden Mondes unternehmen kannst, um dein Wohlbefinden zu fördern.

## Wellness und Hautpflege

Nutze die Energie des zunehmenden Mondes für entspannende Wellness-Anwendungen. Gönn dir Gesichtsbehandlungen, Körperpackungen oder Aromatherapie-Massagen, da die Haut in dieser Phase besonders aufnahmefähig ist.

## Haarpflege

Der zunehmende Mond ist ideal für Friseurbesuche. Lass dir die Haare schneiden oder färben, da das Haar in dieser Phase besser wächst und gesünder aussieht.

## Fitness und Muskelaufbau

Nutze die Zeit für intensives Training. Der zunehmende Mond ist perfekt für Krafttraining und Muskelaufbau, da der Körper in dieser Phase mehr Energie hat.

## Gartenarbeit

Wenn du einen Garten hast, ist dies eine gute Zeit zum Pflanzen und Düngen. Die Pflanzen nehmen in dieser Phase Nährstoffe besser auf, was das Wachstum fördert.

## Kreative Projekte

Starte kreative Projekte oder setze dir neue Ziele. Diese Phase ist ideal, um neue Ideen zu entwickeln und an persönlichen Projekten zu arbeiten.

## Meditation und Achtsamkeit

Praktiziere Meditation oder Yoga, um deine innere Balance zu finden und dich auf deine Ziele zu konzentrieren. Die Energie des zunehmenden Mondes kann deine Meditationspraxis unterstützen.

## Soziale Aktivitäten

Verbringe Zeit mit Freunden oder Familie. Die positive Energie des zunehmenden Mondes fördert gesellige Zusammenkünfte und stärkt zwischenmenschliche Beziehungen.

# TIPPS FÜR DEN ZUNEHMENDEN MOND

## Räuchern und energetische Reinigung

Nutze Räucherwerk wie Salbei oder Lavendel zur energetischen Reinigung deines Raumes. Dies kann helfen, eine positive Atmosphäre zu schaffen.

## Ziele setzen

Nutze diese Zeit, um deine Ziele für den kommenden Monat festzulegen. Schreibe sie auf und visualisiere, wie du sie erreichen möchtest.

Diese Aktivitäten können dir helfen, die positive Energie des zunehmenden Mondes zu nutzen und dein Wohlbefinden zu steigern!

# TIPPS FÜR DEN ABNEHMENDEN MOND

Hier sind einige Tipps für Aktivitäten und Rituale, die du während des abnehmenden Mondes unternehmen kannst.

## Entgiftung und Fasten

Nutze die Zeit des abnehmenden Mondes für eine Entgiftungskur oder Fastentage. Der Körper nimmt in dieser Phase weniger Nährstoffe auf, was ideal ist, um alte Gewohnheiten loszulassen und den Körper zu reinigen.

## Loslassen von Negativem

Schreibe auf, was du loslassen möchtest – seien es negative Gedanken, Gewohnheiten oder emotionale Belastungen. Verbrenne diesen Zettel als Symbol des Loslassens.

## Räuchern

Räuchere mit Kräutern wie Salbei oder Beifuß, um negative Energien zu vertreiben und eine reinigende Atmosphäre zu schaffen. Dies kann helfen, den Raum energetisch zu klären.

## Reflexion und Journaling

Nutze die Zeit für Selbstreflexion. Schreibe in dein Journal über deine Erfahrungen seit dem letzten Neumond und über das, was du in der kommenden Zeit verändern möchtest.

## Körperliche Aktivitäten

Der abnehmende Mond ist ideal für körperliche Aktivitäten wie Yoga oder Spaziergänge. Diese helfen dir, dich von belastenden Energien zu befreien und deinen Geist zu klären.

## Haarschnitt oder -pflege

Lass dir die Haare schneiden oder pflegen, da das Haar in dieser Phase langsamer wächst. Dies kann helfen, alte Energien abzuschneiden und einen Neuanfang zu symbolisieren.

## Pflanzenpflege

Dünge deine Pflanzen während des abnehmenden Mondes, da diese Phase ideal ist, um das Wachstum zu unterstützen und alte Blätter oder abgestorbene Teile zu entfernen.

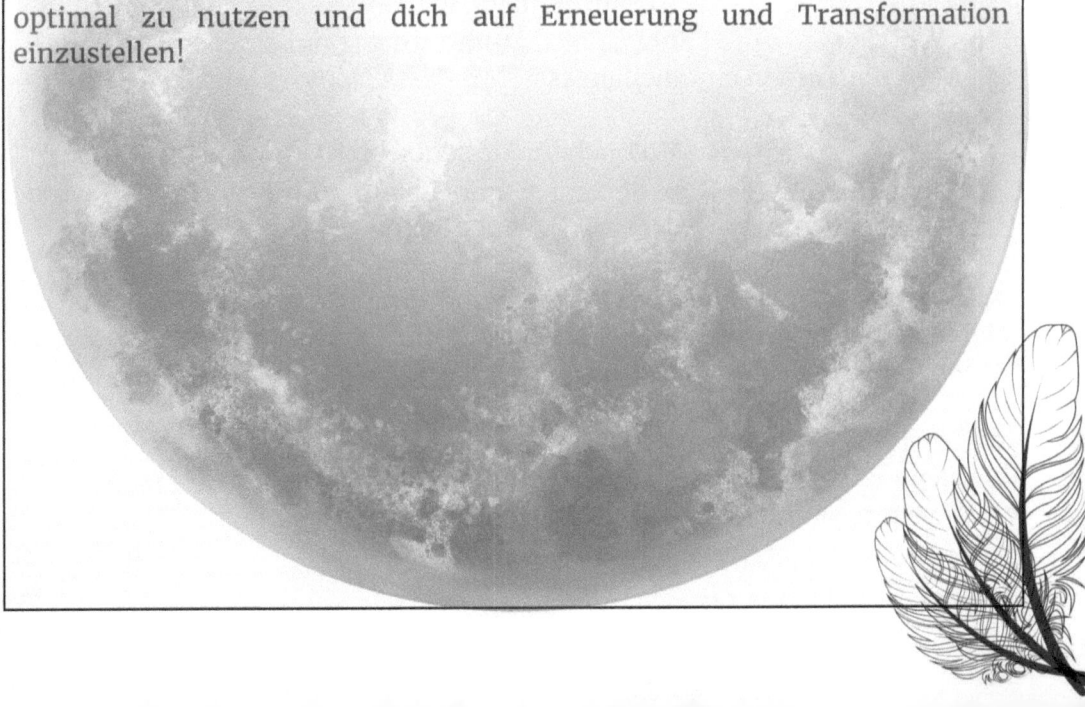

### Kreative Projekte beenden

Nutze die Energie des abnehmenden Mondes, um kreative Projekte abzuschließen oder alte Ideen zu überdenken und gegebenenfalls loszulassen.

### Zahnarztbesuch

Plane Zahnarzttermine für Behandlungen wie Zahnziehen oder Kronen einsetzen während des abnehmenden Mondes, da der Körper in dieser Phase besser auf solche Eingriffe reagiert.

Es wäre besser, bei der Auswahl des Zahnarzttermins darauf zu achten, die Tierkreiszeichen zu meiden, die mit den Zähnen in Verbindung stehen – das sind Widder und Stier.
Laut dem Mondkalender ist es am besten, einen Termin an einem abnehmenden Mond zu wählen, solange dieser Tag nicht unter dem Einfluss von Widder oder Stier steht.

### Meditation zur Klärung

Praktiziere Meditation mit dem Fokus auf Loslassen und Klärung deiner Gedanken und Emotionen. Dies kann dir helfen, dich auf das Wesentliche zu konzentrieren und inneren Frieden zu finden.

Diese Aktivitäten können dir helfen, die Energie des abnehmenden Mondes optimal zu nutzen und dich auf Erneuerung und Transformation einzustellen!

# Entdecke unsere Bücher

Unsere Bücher sind eine Quelle der Inspiration und Vertiefung, perfekt abgestimmt auf die Themen und Energien dieses Jahresplaners. Tauche tiefer in die Welt der Matrix of Destiny ein, erlebe die Kraft von Farben und Mudras oder fördere deine Kreativität und Fantasie – für Jung und Alt. Hier eine Auswahl unserer Werke:

## Matrix of Destiny Band 1 & Band 2

Diese Bücher bieten fundierte Einblicke in die Matrix of Destiny und laden dazu ein, das eigene Potenzial zu entdecken und persönliche Transformationen zu erleben.

## Matrix of Fate – Farbenspiel der Seele

Ein kreatives Malbuch, das die Energien der Archetypen und Chakren mit der heilenden Kraft der Farben verbindet.

## Mudras und Archetypen

Dieses Werk verbindet die Welt der Handgesten (Mudras) mit der Weisheit der Archetypen – eine Einladung, sich durch Bewegung und Reflexion tiefer zu spüren.

## Kreatives Malen für Kinder

Ein Malbuch, das die Fantasie anregt und Kinder auf spielerische Weise in die Welt der Farben eintauchen lässt. Mit Basteltipps.

## Malbuch für Mädchen ab 10

Speziell für junge Künstlerinnen entwickelt, fördert dieses Malbuch kreative Ausdruckskraft und stärkt das Selbstbewusstsein.

Alle unsere Bücher sind mit viel Liebe und Hingabe entstanden, um dir und deinen Liebsten wertvolle Werkzeuge für Reflexion, Kreativität und Wachstum zu bieten.

**Mehr erfahren und direkt bestellen:**
Besuche unsere Homepage unter changeyourmatrix.de, um unsere Bücher und weitere spannende Angebote zu entdecken.

# Dein Jahr, deine Reise – mit unserer Unterstützung!

Dieser Jahresplaner ist mehr als nur ein einfaches Kalendertool – er dient dir als ständiger Begleiter auf deinem Weg zu spirituellem Wachstum, innerer Harmonie und kreativer Entfaltung. Tauche in die Welt von Tarot und der Matrix of Destiny ein, entdecke die transformative Wirkung der Archetypen und nutze die Erkenntnisse aus Numerologie und Tarot, um deine Energien bewusst zu steuern.

**Unser ganzheitliches Unterstützungsangebot umfasst:**

- Spirituelle Ausbildungen und Workshops, die dich in deiner Entwicklung begleiten.
- Individuelle Matrix- und Numerologieanalysen, die dir helfen, deine Essenz und Potenziale zu verstehen.
- Hochwertige ätherische Öle von Young Living, ergänzt durch Tipps zur petrochemischen Reinigung, um Körper, Geist und Seele in Einklang zu bringen.
- Inspirierende Affirmations- und Handlungskarten, die dir täglich Anregungen für mehr Klarheit und Fokussierung bieten.
- Übernachtungsangebote von unserem Verein

Erweitere deinen Planer mit unserem digitalen Tagesplaner als Download – für noch tiefere Reflexionen in deinem Alltag. (Bitte beachte: Der Download ist kostenpflichtig.)

Besuche uns online auf unserer Webseite, entdecke unseren einzigartigen Matrix-Rechner, erfahre mehr über unsere Bücher und lass dich umfassend begleiten.

Dein Jahr 2025 beginnt jetzt.
Mit Intuition, Klarheit und einem Hauch von Magie.

**Support Telegramm**

**Matrix-Kanal**

**Ausbildung**

**Homepage**